AUS-
GELIEFERT

ORRY
MITTENMAYER
MIT HARALD BRAUN

Wie Lieferdienste
ihre Fahrer ausbeuten,
warum uns das alle
ärmer macht –
und was wir dagegen
tun können

KIEPENHEUER & WITSCH

Auf Basis von persönlichen Erfahrungen, Erinnerungen und Unterlagen wurden die in diesem Buch geschilderten Ereignisse rekonstruiert und aufgeschrieben. Um die Privatsphäre von Betroffenen, Kolleg:innen und Mitstreiter:innen zu wahren, wurden einige Namen, Szenen und Orte verfremdet.

Für meine Familie: Ihr habt Türen geöffnet,
wo andere nur Mauern sahen.

Für alle, die das Feuer für eine bessere Welt
in sich nicht erlöschen lassen.

Inhalt

Prolog

Noch ein Buch? Über Politik, Gesellschaft und soziale Gerechtigkeit? Ist das unbedingt nötig?

Das habe ich mich zuerst auch gefragt. Ich kann mich noch sehr gut an die Anfrage vor ungefähr zwei Jahren erinnern. Ob ich nicht Lust hätte, über meine Erfahrungen als »Rider« und meine Arbeit als Gewerkschafter zu schreiben. Zum Thema soziale Gerechtigkeit hätte ich sicher so einiges zu sagen. Vielleicht könne ich ja eine Geschichte erzählen, in der sich Menschen wiedererkennen, die sonst eher durchs Raster der öffentlichen Wahrnehmung fallen und nicht gesehen werden.

Okay. Ich habe zwar noch nie ein Buch geschrieben und hatte bislang auch schon genug damit zu tun, mich unfallfrei durch die Hausarbeiten meines Politikstudiums zu kämpfen. Andererseits wäre solch ein Buch die perfekte Chance, meine politische Arbeit greifbarer zu machen – ein idealer Multiplikator dessen, wofür ich mich ohnehin mit aller Kraft einsetze. Ein *no brainer* auf den zweiten Blick. Der Umstand, dass sich ausgerechnet der Kölner Verlag Kiepenheuer & Witsch dafür interessierte, machte es rund. Man ist ja doch auch kölscher Lokalpatriot. Schreib ich halt ein Buch. *Damn.*

Klar hatte ich Respekt. Klar kenne ich meine (literarischen) Grenzen. Aber das heißt ja nicht, dass ich nicht ebenso klare Vorstellungen davon habe, wie dieses Buch zu lesen sein würde. Unterhaltsam nämlich und keinesfalls so staubtrocken, wie ich die Texte aus meinem Studium und oftmals leider auch in meiner täglichen politischen Arbeit kennengelernt habe. Ob das bei »meinen« Themen so leicht durchzuhalten war? Na ja, versuchen wir's.

Warum also ein Buch über soziale Gerechtigkeit, Gewerkschaften und Arbeitskämpfe?

Weil es notwendig ist, darüber zu sprechen. Mehr denn je.

Wir leben in Zeiten der globalen Krise. Diese Zeiten sind – mit Verlaub – beschissen: Wirtschaftskrisen, Pandemie, der russische Angriffskrieg in der Ukraine, Inflation, Klimakatastrophe, Aufstieg der rechten Kräfte bis hinein in parlamentarische Institutionen, explodierende Lebenshaltungskosten, Wohnungen, die immer teurer werden. Viele Menschen kommen trotz Vollzeitjob nicht mehr über die Runden. Unsere Zukunftsperspektive? Wirkt trostlos. Eine kollektive Hoffnungslosigkeit legt sich wie ein dunkler schwerer Schleier über das Land. Wer hat noch die Zuversicht und glaubt an eine lebenswerte und gerechte Zukunft? Schaut man sich die aktuelle Studie der »Jugend in Deutschland 2024« an, wird eines unangenehm deutlich: Trotz eines offiziellen Zweckoptimismus – der vermutlich auf eine Art Copingmechanismus zurückzuführen ist – ist die Jugend besorgter denn je. Kein Wunder: Kaum ein Tag vergeht ohne schlechte Nachricht. Verlockend und menschlich wäre es angesichts dieser dystopischen Gemengelage, einfach den Kopf in den Sand zu stecken und sich nicht mit alldem zu konfrontieren. Leider haben wir diese Option nicht.

Ein Großteil der aktuellen Problemlage lässt sich nicht von heute auf morgen lösen, so realistisch müssen wir sein. Ich bin allerdings überzeugt davon, dass wir immer noch die Chance haben, den sozialen und ökonomischen *Clusterfuck*, der uns alle betrifft, gemeinsam zu bewältigen. Womit wir bei *meinem* Thema wären: der Arbeit von Gewerkschaften und der Idee, die sich dahinter verbirgt. Sie kann zu einem zentralen Aspekt im Kampf um unsere Zukunft werden. Von dieser Idee möchte ich in diesem Buch erzählen.

Fast sechs Millionen Menschen sind in Deutschland im Deutschen Gewerkschaftsbund (DGB) organisiert und damit Teil einer der größten politischen Organisationen weltweit. Trotzdem wissen viele Menschen nicht, wofür Gewerkschaften eigentlich stehen und wie wichtig sie im sozialen Miteinander von berufstätigen Menschen (und weit darüber hinaus!) sind. Warum und wie entstehen Arbeitskämpfe? Und wie kommt es überhaupt zu sozialer Gerechtigkeit? Den Begriff kennen und schätzen viele, er klingt ja auch schon fast ein wenig romantisch – manchmal sogar wie eine abgedroschene Plattitüde. Aber was genau hat es damit auf sich?

All das wusste ich übrigens auch nicht. Noch vor sechs Jahren lehnte ich kategorisch alles ab, was auch nur nach Politik und politischem Handeln klang. Als jemand, der Schwarz und schwerbehindert auf die Welt gekommen ist, hatte ich nicht den Eindruck, dass Gesellschaft und Politik ein großes Interesse an der Perspektive von People of Color hatten – geschweige denn an der von Behinderten. Begriffe wie Gewerkschaft, soziale Gerechtigkeit, Tarifverträge und demokratische Mitbestimmung waren für mich abstrakte Begriffe, die mit meiner Lebenswelt nichts zu tun zu haben schienen. Allein das Bild, das ich mit einer Gewerkschaft verband. Ganz ehrlich: War das nicht bloß ein Verein alter Männer mit Schmerbäuchen, die sich selber gern reden hörten? *Cringe as fuck, not gonna lie.*

In Wirklichkeit ist es ganz anders – aber das spürte ich erst, als ich als Fahrradkurier eines damals so *shiny* neuen Start-ups einige Jahre lang plötzlich selbst zum Opfer von Ausbeutung wurde. Als meine Situation zunehmend verzweifelter wurde, musste ich mich zwangsläufig mit den Themen auseinandersetzen, die mir zuvor fremd waren, ob ich wollte oder nicht. Und ich verwandelte mich von einem Fahrradkurier, der unter menschenunwürdigen Bedingungen angestellt war, abgestumpft und ohne wirkliche Zukunftsperspektive, in einen leidenschaftlichen Gewerkschafter. Ich organisierte Seite an Seite mit Menschen unterschiedlichster Herkunft viele Arbeitskämpfe bei den Lieferdiensten, unterstützt von der Gewerkschaft Nahrung-Genuss-Gaststätten, kurz NGG genannt.

Schockiert hat mich im Rahmen dieses längeren Prozesses immer wieder die große Anzahl an Lohnarbeiter:innen und abhängig Beschäftigten, die weniger als nichts über ihre Rechte als Arbeitnehmer:innen wussten. Sie erduldeten jede noch so infame Unverschämtheit, weil sie felsenfest davon überzeugt waren, ohnehin nichts gegen »die da oben« ausrichten zu können. Oder sie trauten sich gar nicht erst, aufzubegehren und sich gewerkschaftlich zu engagieren, weil sie das wenige, das gerade noch zum Überleben reichte, nicht auch noch gefährden wollten. Sie glaubten, sie seien nicht gut genug, um für ihre Rechte einzutreten oder sogar einen Arbeitskampf zu starten. Mich macht das wütend. Wütend, dass wir immer noch in einer Gesellschaft leben, in der Menschen sich angesichts der herrschenden Verhältnisse so ohnmächtig fühlen. Und dass viele von ihnen in so wichtigen, systemrelevanten Berufen Vollzeit arbeiten und trotzdem nicht davon leben können, respektvoll und in Würde. Kein Wunder, dass viele Menschen in eine Spirale aus Hoffnungslosigkeit und Resignation geraten. Das ist empörend. Das ist unmenschlich. Das ist ungerecht. Wir können es besser.

Mit diesem Buch möchte ich versuchen, mehr Verständnis für diese erst einmal abstrakt klingenden Themenfelder zu schaffen. Und klarmachen, was es für uns als Gesellschaft heißt, den Kampf um die viel beschworene, aber selten gelebte soziale Gerechtigkeit aufzunehmen.

Anhand meiner Erlebnisse und Erfahrungen will ich Sie, liebe Leser:innen, auf eine Reise mitnehmen, an deren Ende Sie zu der Überzeugung kommen mögen, dass Gewerkschaften, soziale Gerechtigkeit und Arbeitskämpfe im Namen von Lohnarbeiter:innen eben keine langweiligen Relikte der Vergangenheit sind, sondern im Gegenteil: Es sind hochaktuelle, wichtige und zeitlose Themen. Auch mit Blick auf die ständig fortschreitende Digitalisierung unserer Arbeitswelten ist es überlebenswichtig, dass wir die (neuen) Möglichkeiten, uns zu organisieren, begreifen und kennenlernen.

Ich will Sie mit diesem Buch auch empowern und uns alle ermutigen, für eine bessere und lebenswertere Gesellschaft und Arbeitswelt zu kämpfen.

Noch ein Buch mehr also. Weil es nötig ist!

1
Kaltstart

»A riot is the language of the unheard.«

Martin Luther King jr.

Das erste Mal vergisst man nicht. Rudolfplatz, Köln. Ein sonniger Spätvormittag in der schönsten Stadt am Rhein, ich lehne lässig an meinem Bike und versuche, dabei nicht umzukippen. Ich starre auf mein Telefon und warte. Eine halbe Stunde. Eine Stunde. Anderthalb Stunden. Für Passanten wirke ich vermutlich wie jemand mit viel Tagesfreizeit und zu wenig Fantasie, um damit etwas Vernünftiges anzufangen. Ich weiß nicht, wie oft ich schon die App von *Foodora* angesteuert habe, um zu kontrollieren, ob sie auch wirklich funktioniert. Tut sie. Immer wieder, auch nach dem zehnten Check.

Foodora ist seit heute mein Arbeitgeber. Einer dieser Essenslieferdienste, die zurzeit, im Jahr 2015, versuchen, in Deutschland

Fuß zu fassen. *Foodora* beschäftigt Menschen wie mich, die ein eigenes Rad und ein Handy haben und zudem enorm verzweifelt sind. Leute, die dringend einen Job brauchen und nicht allzu lange fackeln. Auf der *Foodora*-App habe ich mich schon zu Beginn meiner »Schicht« eingeloggt und warte jetzt auf meine erste Order. Das heißt, ich warte darauf, dass mir auf der App angezeigt wird, in welchem Restaurant der Umgebung ich vorab bestelltes Essen abholen und wohin ich es im zweiten Schritt liefern soll. Und das möglichst schnell. Nach knapp zwei Stunden blökt mein Telefon plötzlich in erstaunlicher Lautstärke. Meine erste Order! Hastig öffne ich die App und checke die Adresse des Restaurants. Glück gehabt, der Laden liegt nur ein paar Hundert Meter von meinem Standort entfernt. Schneller Wischer nach rechts, schon habe ich mir den Auftrag gesichert. Meine Leute im *Foodora*-Hauptquartier wissen jetzt Bescheid: Der Neue legt los. Natürlich nehme ich den Auftrag an, es ist schließlich meine Premiere an meinem allerersten Tag als Rider. Und abgesehen davon, dass ich selbst langsam unruhig geworden bin, habe ich eh keine Wahl. Das hier ist jetzt schließlich mein Job. Und bei der kurzen Strecke wird das sicher ein Zuckerschlecken!

Little did I know.

Meine *Foodora*-App schlägt mir eine Route vor, an deren Ziel ein pinker Punkt blinkt. Okay, denke ich, das ist leicht. Dicker pinker Punkt gleich Restaurant. Nichts wie hin. Ich fahre gern Rad, schon immer, und wenn es mal ein bisschen zackig gehen soll, umso mehr. Bei *Foodora*, das ist mir gleich eingehämmert worden, muss es schnell gehen. *99 problems but tempo ain't one.* Und damit ich das nicht vergesse, gehört zu jeder Order von *Foodora* auch eine Zeitvorgabe. Gnade mir Gott, wenn ich sie bloß als freundliche Empfehlung auffassen sollte. Ich brettere also in halsbrecherischem Tempo über den Hohenzollernring und versuche, auf meiner ersten Fahrt nicht gleich den Großteil aller Verkehrsregeln zu ignorieren. Dass sich das im Laufe der nächsten Monate ändern wird, weiß ich zu diesem Zeitpunkt noch nicht. Bei meinem zweiten Ampelstopp riskiere ich einen Blick auf das Telefon. Oh, oh, das wird knapp. Um die Bestellung im Restaurant abzuholen, sind großzügige zehn Minuten angesetzt worden, sechs davon sind schon rum. Um den Druck noch ein wenig zu erhöhen, teilt mir Google Maps mit, dass ich, falls ich die Absicht hätte, weiterhin so zu bummeln, erst in sechs Minuten am Ziel ankommen würde. Na wunderbar.

Fünf Minuten später stehe ich japsend und schwitzend vor der angegebenen Adresse. Sie befindet sich ganz in der Nähe der St.-Pantaleon-Kirche. Eine Minute habe ich aufgeholt – das ist super. Nicht so toll ist, dass nirgendwo ein indisches Restaurant zu sehen ist. Überhaupt kein Restaurant. Nur das Finanzamt Köln-Süd in seiner ganzen architektonischen Schönheit. Verdammt. Passiert das jetzt wirklich? Sollte ich auf meiner ersten Tour schon in Schwierigkeiten kommen? Ich verdränge für einen kurzen Moment, dass echte *Ride-or-die*-Kuriere nicht nach dem Weg fragen, und bitte Passanten um Hilfe. Aber ihnen ist hier auch noch kein indisches Restaurant aufgefallen. Kleinlaut rufe ich in der *Foodora*-Zentrale an und schildere meine Lage. Könne es sein, dass mit der Adresse etwas nicht okay sei?

»Moment«, antwortet mein Gesprächspartner freundlich, aber ich höre auch Desinteresse und unterschwelligen Ärger heraus. »Ich checke das gleich mal und schicke dir die Adresse dann via App.«

Zehn Sekunden später blökt mein digitaler Wegweiser wieder. Leider viel Lärm um nichts. Der pinke Punkt befindet sich immer noch genau an derselben Stelle wie vorhin und blinkt störrisch im altbewährten Rhythmus. Statt Pantaleonstraße steht da jetzt zwar Am Pantaleonsberg auf meiner Order, aber ansonsten hat sich nichts verändert. Immer noch kein Restaurant, immer noch die Kirche. Inzwischen bin ich fünfundvierzig Minuten über dem vorgegebenen Zeitlimit. Wo immer dieses verdammte indische Restaurant auch war – darin kühlten sich gerade Speisen im Wert von über fünfzig Euro auf ein zunehmendes Level der Ungenießbarkeit runter. Zum Ausgleich wurde mir dafür immer heißer. Vielleicht könnte ich das Restaurant anrufen und mir den Weg erklären lassen? Als ich noch dabei bin, die Nummer im Internet ausfindig zu machen, nehme ich aus den Augenwinkeln eines dieser typischen Hipsterpärchen wahr, die in der Regel über »authentisch-exotische« Gastronomie in ihrem Viertel Bescheid wissen. Und tatsächlich: Mit amüsierter Miene mustern sie erst mich und deuten dann auf eine Toreinfahrt rund fünfzig Meter weiter, die in einen Innenhof führt. Dort habe erst vor kurzer Zeit ein, wie sie mir erklären, »fantastischer Szene-Inder« eröffnet. Halleluja. Ich bedanke mich überschwänglich und eile mit Fahrrad und klobiger Lieferbox davon.

Endlich bin ich am richtigen Ort. Allerdings verbessert das die Gesamtsituation nur unwesentlich. Kaum betrete ich die gute Stube, werde ich auch schon von zwei wütenden Kellnern abgefangen:

»Sie sind über eine halbe Stunde zu spät dran«, sagt der eine.

»Über eine halbe Stunde«, wiederholt der andere.

Ich nicke, das kann ich nicht abstreiten.

»Wir mussten das Essen schon zweimal aufwärmen«, sagt der eine.

»Schon zweimal«, wiederholt der andere.

Ich zucke mit den Schultern. Die Lage entspannt sich erst, als ich den beiden mein Telefon mit der *Foodora*-Order und dem dicken pinken Punkt zeige. Die beiden Kellner schütteln mit dem Kopf und werden gleich eine Spur geschmeidiger. Es sei halt so, dass sie jetzt schon mehrmals Probleme mit *Foodora* hatten.

»Das Essen wird ständig zu spät abgeholt und landet dann maximal noch lauwarm bei unseren Kunden«, erklärt der erste mir. Klar, dass da die Bewertungen auf den Vergleichsplattformen in den Keller purzeln.

»Wir zahlen fast 25 Prozent unseres Umsatzes an *Foodora*«, schiebt der andere hinterher. »Das ist viel Geld und am Ende laufen uns trotzdem die Kunden davon.«

Okay, das ist ein Dilemma, das sehe ich ein. Allerdings fühle ich mich an meinem ersten Arbeitstag noch nicht so richtig verantwortlich für die Qualitätslücken im Geschäftskonzept meines neuen Arbeitgebers. Mein Dilemma besteht jetzt gerade eher darin, dass meine Lieferung mit jeder weiteren Minute, in der das Kellnerduo seine allgemeine Verstimmung zum Ausdruck bringt, ein wenig lappiger, kühler und somit ungenießbarer wird.

»Könnte ich jetzt los?«, frage ich also vorsichtig und deute auf die nur noch leicht dampfenden Tüten auf der Theke des Restaurants. Wortlos nimmt man mir meine Box aus der Hand und stapelt die in Papiertüten verpackten Speisen übereinander hinein. Ich werde ermahnt, die Box möglichst immer waagerecht zu transportieren. Zum guten Schluss bringen sie auch noch einige Suppen in sichtbar schlecht verschlossenen Plastikdosen herbei und quetschen sie in meine bereits leicht überladene Transportbox. Suppen?

»Das ist die Entschädigung für die lange Wartezeit. Unser Service, geht aufs Haus«, sagte der eine.

»Aufs Haus«, bekräftigte der andere.

»Ernsthaft? Verarscht ihr mich? Das geht doch mit Sicherheit in die Hose«, werfe ich ein und zeige auf den dünnen Streifen Tesafilm, mit dem die Suppenbehälter leidlich transportfähig gemacht werden sollen. »Ich muss das Ding da doch nur komisch anschauen, dann zerfällt es in alle Einzelteile. Das schwappt doch raus, das endet alles in einer schleimigen Katastrophe!«

Kellner eins wiegelt ab.

»Guck mal, mein Junge, ich sag's noch mal: Du sorgst einfach dafür, dass du deine Box gerade hältst. Wenn da was passiert, soll mich der Blitz erschlagen und mein Laden in die Insolvenz gehen, bei allem, was mir heilig ist.«

Bleibt mir eine Wahl? Widerstand ist zwecklos, es ist meine erste Fahrt, mein erster Job. Wie würde es aussehen, wenn ich den gleich in den Sand setzen würde? Ich nehme die Suppen also seufzend an und mache mich so schnell wie möglich auf den Weg. Ich bestätige in meiner App, dass ich erstens das Essen entgegengenommen habe und dass es sich nun zweitens in meiner Transportbox befindet. Erst nach dieser geforderten Doppelbestätigung verrät mir meine App, wo genau der Kunde zu finden ist, der jetzt bereits seit einer Stunde auf sein Essen wartet. Es ist ein Start-up in der Innenstadt, ganz in der Nähe des Neumarkts. Finanzsektor. Okay.

Die Fahrt verläuft ohne besondere Vorkommnisse. Keine Autos, die mich abdrängen wollen, keine Fahrradfahrer, die auf Tuchfühlung mit meiner klobigen Lieferbox gehen. Allerdings bin ich während der wilden Fahrt nicht ganz sicher, wie sich schlechte Straßenverhältnisse, das Auf und Ab der sagenhaft abenteuerlichen Kölner Verkehrsführung und meine Bemühungen, so schnell wie möglich ans Ziel zu kommen, mit dem Vorsatz in Einklang bringen lassen, meine Box stets in waagerechter Position zu transportieren. Immerhin die Adresse finde ich diesmal ohne Probleme, keine Kirche und kein Hinterhof führen mich in die Irre. Ich haste die Treppen hoch zum Kunden, obwohl es darauf auch schon nicht mehr ankommt, und stehe plötzlich in einem dieser typischen Loft-Großraumbüros. Wie in jedem ehrbaren Start-up gehören bunte und teure Gerätschaften zur Grundausstattung. Ohne Siebträgermaschine zur Kaffeeherstellung, einer Apple-Vollausstattung auf jedem Schreibtisch und einem Kicker findet man ja heutzutage kaum noch einen Praktikanten. Wenn man schon ausgebeutet wird, dann wenigstens in einem schicken Ambiente …

Im Grunde sah es bei den Finanzdienstleistern am Neumarkt genauso aus wie im Büro von *Foodora*, wo ich am Morgen noch meine Einweisung oder, wie man im Start-up-Sprech sagt, mein »Onboarding« durchlaufen hatte. Und nicht nur das Ambiente ähnelte dem von *Foodora*, auch das Personal des Start-ups wirkte wie kopiert: überwiegend junge Leute, frisch von der Uni kommend oder aus der Berufsausbildung purzelnd, die jetzt im Lacoste-Poloshirt an dem arbeiteten, was für sie wie eine Karriere aussieht.

Meine Ankunft wird mit mildem Interesse, aber weitestgehend wortlos registriert. Es dauert rund 30 Sekunden, bis einer der jungen Männer von seinem Bürostuhl krabbelt und mich gezielt anspricht:

»Wir haben dich ein wenig früher erwartet«, sagt er lächelnd und weist mit ausgestrecktem Arm auf einen langen Holztisch in der Mitte des Raumes. Er sieht aus wie jemand, der in einigen Jahren mit Gordon Gekko aus »Wall Street« verwechselt werden möchte. Zurückgegeltes Haar, aufgekrempelte Hemdsärmel, Budapester. Ein BWL-Justus in Reinkultur. Gibt es Bausätze für diese Kerle? Er spricht sehr langsam und deutlich mit mir, als sei er nicht ganz sicher, ob ich seine Sprache verstehen würde. »Hoffentlich ist das Essen noch warm.«

Ich zucke bloß unbestimmt mit den Schultern, was so ziemlich alles heißen kann, und öffne meine Box. Erleichtert bemerke ich, dass Tesafilm offenbar nicht völlig unnütz ist. Die Suppe ist noch da, wo sie sein soll. Himmel sei Dank! Erleichtert stelle ich sie auf den langen Holztisch und greife zügig nach den Papiertüten mit dem restlichen Essen. Ich will sie nur schnell auf den Tisch absetzen und verschwinden. Die Tüten haben allerdings andere Pläne.

Meine spontane Diagnose lautet »Materialermüdung im Bodenbereich durch überlaufende Dalgerichte«, doch das nützt mir in diesem Moment wenig. Bevor ich eine Chance habe, das Desaster zu verhindern, liegt das feine, immerhin noch lauwarme Essen schon komplett verteilt in farbigen Schlieren auf dem teuren Mikrozementboden. Plötzlich wird es ganz still im Raum. Wäre in diesem Moment eine Stecknadel zu Boden gefallen, man hätte sie noch im Empfangsraum gehört.

»Oh, die Böden der Papiertüten sind wohl nass geworden«, stammele ich, erstarrt vor Scham und Schreck. Um mich herum entgleisen Gesichter, aber nur kurz, dann weicht der Schreck einer ironisch-amüsierten Miene, mit der man sich hier offenbar systematisch gegen die Anforderungen des Alltags wappnet. Ich halte es für das Beste, mich nicht zu bewegen und auch nichts zu dem Malheur zu sagen. Wäre schön, wenn ich grad einen dieser Transponder zur Hand hätte, mit denen man bei »Star Trek« arbeitet: »Beam me up, Scotty!« Solange diese Technologie noch nicht verfügbar ist, versuche ich einfach, mich unauffällig zu verhalten. Gordon Gekko übernimmt das Krisenmanagement für mich.

»Okay, Leute, so was passiert, kein Problem, alles wird gut. Wir erhalten einfach unser Geld zurück und holen uns unten stattdessen schnell eine Pizza.« Fast hätte er dabei in die Hände geklatscht. Die Kollegen seufzen vernehmlich, aber niemand erhebt Widerspruch. Anschließend schaut mich Gordon erwartungsvoll an: »Ist das ein Problem?«

»Na ja, schon irgendwie«, stammele ich, überfordert mit der Situation, »ich muss das erst mal klären.« Für solche Fälle bin ich noch nicht gebrieft. Wie denn auch, am ersten Tag! Geld, um den Schaden aus eigener Tasche vorzustrecken, habe ich ohnehin nicht dabei. Es hilft nichts. Ich muss erneut im Hauptquartier von *Foodora* anrufen. Der Kollege muss an meiner Stimmlage und meinen wirren Erklärungen schon herausgehört haben, dass ich vor den Augen des Kunden kurz davor bin, mich schreiend auf den Boden zu werfen und mit beiden Fäusten darauf einzuschlagen. Mit der sonoren Stimme eines Telefonseelsorgers weist er mich darauf hin, dass ich selbstverständlich als *Foodora*-Fahrer nicht persönlich haften müsse, sondern in einem solchen Fall genau drei Möglichkeiten hätte. Erstens, dem Kunden anzubieten, zurück ins Restaurant zu fahren und die Bestellung erneut zu ordern. Möglichkeit zwei: ein Gutschein von *Foodora* über die gesamte Summe. Schließlich, falls sich der Kunde auch darauf nicht einlässt, könne ich ihm auch noch anbieten, das Geld zurücküberweisen zu lassen. Gordon hört sich die Optionen, die ich ihm vortrage, ruhig an und entscheidet sich schließlich für Kästchen drei. Aber es sei nicht eilig, er würde sich bei *Foodora* melden, sagte er, irgendwann, wenn seine Zeit das zulässt. Dann drückt er mir einen Eimer und einen Feudel in die Hand und setzt sich an seinen Schreibtisch. Wortlos.

Es dauert rund fünfzehn erniedrigende Minuten, die ich überwiegend auf den Knien verbringe, bis der Boden keine Spuren der kulinarischen Invasion mehr aufweist. Gordon nickt zum Abschied vage in meine Richtung und hat meine Existenz bereits vergessen, bevor ich das Gebäude verlassen habe. Als ich mit meiner leeren Box wieder auf die Straße hinaustrete, fängt es an zu regnen. Ich lehne mich einen Moment an die Hauswand, atme tief durch und schüttele den Kopf. Was für eine Katastrophe. Würde das jetzt jeden Tag so laufen? Und, bessere Frage: Habe ich es wirklich nötig, mir solch einen Job ans Bein zu binden? Ich denke ein paar Minuten aufgebracht über meine Situation nach. Vor meinen Augen entfaltet sich die Szene erneut in ihrer ganzen Glorie, vor Ärger und Wut kann ich kaum atmen. Gordon Gekkos Blick, wie er mich verächtlich »bittet«, den Boden sauber zu wischen. Meine Ohnmacht und mein Entsetzen, als ich ihm ohne Widerspruch gehorche. Kurz erwäge ich ernsthaft, in Gordons steriles Start-up-Reich zurückzulaufen und ihm die Mülltüte über den Kopf zu stülpen, in der sich die Überreste des Essens zu einer Art kulinarischem Klärschlamm abgemischt haben. Aber in diesem Fall wäre ich ziemlich sicher meinen neuen Job gleich wieder los. Und da habe ich meine Antwort: Ich brauche diesen Job. Ich werde hier in aller Ruhe erzählen, warum das so ist. *Spoiler alert:* Wie viele meiner Kolleg:innen habe ich keine Wahl.

2 Wurzeln

»It comes as a great shock to discover the country which is your birthplace [...] has not in its whole system of reality evolved any place for you.«

James Baldwin

Meine ersten Kindheitserinnerungen verbinde ich mit lehmigen Händen, nassen Hosen, vollgematschten Schuhen und meiner Mutter, die mich geduldig mehrmals in der Woche auf einen sogenannten Wasserspielplatz in Köln-Nippes brachte. Da war ich vielleicht drei Jahre alt. Der Spielplatz bestand aus einer Burg aus Holz in der Mitte, drum herum waren überall Wasserinstallationen, kleine Kanäle und Brunnen extra für uns Kinder angelegt, mit denen wir spielen durften. Sehr zum Leidwesen meiner lieben Mutter sorgte meine Leidenschaft für Abenteuer im und mit dem Wasser dafür, dass meine Hosen häufiger in der Waschmaschine waren als an meinem Körper. Ein hoher Preis für meine kindlichen Eskapaden. Das Spielen im Wasser mit Steinen, Sand und Lehm scheint mir großen Spaß gemacht zu haben. Heute klingt das einigermaßen rätselhaft für mich, denn meine Talente für Hand- und Bastelarbeiten aller Art sind leider stark überschaubar.

Ich wurde 1992 in Köln-Holweide mit einer Behinderung geboren. Ich war zwar nicht völlig gehörlos, sondern »nur« schwer hörgeschädigt, aber ideale Voraussetzungen für ein grandioses Leben sahen sicher anders aus. Ob ich damals in Nippes, mit den Händen tief im Matsch, schon gewusst habe, dass ich möglicherweise *anders* war als die Kinder, mit denen ich auf dem Spielplatz spielte? Vermutlich nicht. Meine Erinnerungen an diese endlosen sonnigen Nachmittage sind frei von dunklen Wolken. Im Gegenteil, sie sind überwiegend fröhlich und unbeschwert. Meine Mutter lebte zu diesem Zeitpunkt allein mit mir in einer kleinen Wohnung. Mein Erzeuger spielte in unserem Leben keine Rolle. Ich habe ihn in meinem ganzen Leben vielleicht ein- oder zweimal gesehen. Ich war damals zu jung, um zu erkennen, ob er bei seinen wenigen Besuchen überhaupt meinetwegen gekommen war. Sonderlich beeindruckt haben mich diese Treffen offenbar nicht. Bis heute verspüre ich nur eine leichte, kaum wahrnehmbare Neugier, was ihn angeht. Das Bedürfnis, ich müsse einer bestimmten Identität auf die Spur kommen, habe ich in diesem Zusammenhang überhaupt nicht. Meine Geschichte, meine Identität und meine Existenz als Schwarzer Mann in Deutschland – das alles habe ich mir selbst erarbeitet, dazu brauchte ich ihn nicht. Es war zugegeben nicht immer ganz einfach, ich lebte schließlich in einem durch und durch kartoffeligen Haushalt, inklusive Sauerkraut und Kasseler und all den kulturellen Eigenheiten, die das »Deutschsein« so mit sich bringt.

Identifikationsfiguren, die für die Schwarze Community eine Vorbildfunktion haben, musste ich mir selbst suchen. Malcolm X, Barack Obama, Martin Luther King, Nelson Mandela, James Baldwin, Angela Davies, Bell Hooks, May Ayim und noch viele weitere waren und sind meine Leitbilder. Diese wichtigen Schwarzen Akteure und Denker:innen kannten meine Eltern nicht – oder anders: Sie hielten es nicht für relevant, mich mit ihnen vertraut zu machen. Nicht aus Ignoranz. Ich glaube, sie hatten einfach schon genug damit zu tun, mir in der deutschen Gesellschaft einen Platz zu sichern – als Kind, das Schwarz ist und gleichzeitig schwerbehindert. Das kostete sie viel Kraft und Arbeit, für die ich sehr dankbar bin. Dass daneben keine Zeit mehr blieb, sich auch noch um mein kulturelles Erbe zu sorgen, verstehe ich gut und würde ich ihnen auch nie zum Vorwurf machen.

Amüsant ist in diesem Zusammenhang nur die Sache mit meinem Namen. Orry ist keine Abkürzung, wie man vielleicht im ersten Moment glaubt. Deutsch klingt er auch nicht, eher könnte man denken, er sei französischen Ursprungs. Die Lösung des Rätsels: Meine Mutter liebte die Serie »Fackeln im Sturm«. Vor allem mochte sie Patrick Swayze. Der spielte in »Fackeln im Sturm« den Sohn eines Plantagenbesitzers in den amerikanischen Südstaaten mit dem Namen Orry Main. Nun, jetzt trage ich, Kölner, Schwarz, mit einer Hörschädigung, den Namen eines Südstaatlers, der seine Plantage mithilfe von Schwarzen Menschen bewirtschaftete. Genau mein Humor.

Mit drei oder vier Jahren etwa trat dann auch schon mein »Papa« in unser Leben. Meine Mutter lernte ihn kennen, als er ein Stockwerk über uns im selben Haus in einer Wohngemeinschaft lebte. Das fand ich ziemlich aufregend und ich war gern dort, wenn meine Mutter arbeiten oder mich aus einem anderen Grund mal ein paar Stunden aus dem Weg haben wollte. Sie war immer eine ehrliche und hart arbeitende Frau, hatte ihre eigene Familie schon in jungen Jahren verlassen und früh lernen müssen, auf eigenen Füßen zu stehen. Wir waren sicher nicht reich, aber meine Mutter hat immer zusammen mit Papa dafür gesorgt, dass es uns – ich habe noch eine sechs Jahre jüngere Schwester – an nichts fehlte. Sie war auf ihre Art sicher eine kantige Frau, die viel Schlimmes erlebt hat in ihrer Kindheit, aber uns vermittelte sie immer ein Gefühl der Geborgenheit und Zuverlässigkeit. Wenn ich sie in wenigen Worten beschreiben müsste, würden die Begriffe Stolz, Sensibilität und Disziplin darin sicher ebenso Hauptrollen spielen wie Herzlichkeit und Empathie. Im kölschen Veedel ist sie eine respektierte Person, die jeder kennt. Sie verfügt über eine beeindruckend warme, ungebeugte Präsenz und dazu noch über eine lebensfröhliche Ausstrahlung, die ich sehr bewundere. Ihr ganzes Leben hat sie hart gearbeitet, immer darauf bedacht, dass es mir und meiner Schwester gut geht. Für sie war es zudem immer selbstverständlich zu helfen, wenn Menschen in ihrem Umfeld Hilfe brauchten. Es ist vielleicht ein wenig anmaßend, das zu sagen, aber ich glaube fest daran: Dass ich mich heute für soziale Anliegen engagiere und politisch arbeite, hat ganz sicher auch mit ihrer Erziehung und ihrem Vorbild zu tun.

In vielerlei Hinsicht war sie eine typische Vertreterin ihrer Klasse. Selbst eine harte Arbeiterin und kompromisslos ehrlich, verlangte sie auch von mir, dass ich draußen in der Welt meinen Weg ging, egal, auf welche vermeintlichen Hindernisse ich traf. Ihre Botschaft an mich war eindeutig: Wir wissen, dass du eine Behinderung hast, Orry, aber komm damit klar, die Welt interessiert sich nicht dafür, dass du beeinträchtigt bist.

Das war zuweilen sehr hart, das muss ich heute ganz klar sagen, aber es hat auch dazu geführt, dass ich mich nie hängen lassen konnte. Sie wäre sofort eingeschritten und hätte mir ordentlich den Kopf gewaschen. Ihr war auch immer ganz wichtig, dass ich eine »gute Erziehung« genoss. Richtig am Tisch sitzen, vernünftige Essmanieren, freundliches, höfliches Grüßen, all das. Ein wenig ironisch ist es schon, dass in den sogenannten höheren Schichten oft viel lockerer mit diesen Fragen der Etikette umgegangen wird, als das in der Arbeiterschicht der Fall ist. Jetzt, wo ich mich im Rahmen meiner Arbeit oft in gutbürgerlich-akademischen Kreisen bewege, wird mir das umso mehr bewusst. Ich denke, das hat einen simplen Hintergrund: Um zumindest eine Auseinandersetzung auf Augenhöhe zu simulieren, konnten wir »Schmuddelkinder« uns im Umgang mit der Welt nicht schon aus formalen Gründen Fehler erlauben. Wir sollten und wollten uns anpassen, bloß nicht unsere Herkunft durchscheinen lassen. Ich glaube, dass dieses eingeforderte Funktionieren um jeden Preis mir persönlich lange Zeit im Weg stand und mich daran gehindert hat, Widerstand zu leisten und meinen eigenen Weg zu finden. Ich war so darauf getrimmt, ein wohlerzogener Sohn zu sein, der anderen keinen Ärger macht, dass ich meine eigenen Bedürfnisse unterdrückt habe. Es fällt mir auch heute manchmal noch schwer, diese Konditionierung aus meiner Kindheit zu überwinden. Das spüre ich vor allem, wenn ich akademische Welten betrete. Ungeachtet meines inzwischen selbst erworbenen Universitätsabschlusses spüre ich immer wieder, wie mich das befangen und unsicher macht. Eine Zeit lang befürchtete ich, dass alles, was ich in diesen Kreisen sage und mache, nichts wert sei, manchmal sogar, dass ich völligen Quatsch verbreite. Klassisches Imposter-Syndrom. Zum Glück habe ich inzwischen gelernt, damit umzugehen und die Symptome, meine Nervosität und Unsicherheit, ganz ruhig abzumoderieren, ohne dass es jemand merkt. Das ist besonders dann hilfreich, wenn ich im Rahmen meiner gewerkschaftlichen und politischen Arbeit aggressiv angegangen oder auch nur leise kritisiert werde.

Ich will meine Kindheit in Köln mit meiner Mutter und meinem Papa im Nachhinein nicht unnötig romantisieren. Papa war Sozialarbeiter, kam aus Schwäbisch Hall und hatte einen ähnlichen Background wie meine Mutter. Seine Eltern verstarben, als er noch sehr jung war. Er stammte ebenfalls aus der Arbeiter:innenklasse.

Um sich den Traum von einem Studium zu finanzieren und ein ganz neues Leben aufzubauen, hatte er nach einer abgeschlossenen Lehre als Gas- und Wasserinstallateur sehr hart arbeiten müssen. Das prägte seinen Blick aufs Leben. Er war nach meiner Mutter schon der zweite Mensch in meinem allernächsten Umfeld, der mir ein glasklares Weltbild vorlebte: Das ganze Leben ist harte Arbeit.

Was soll ich sagen? Ich kenne es nicht anders. Allerdings heißt das nicht, dass ich es gutheiße. In diesem Denken mündet in letzter Konsequenz nämlich eine Form der Selbstausbeutung. Die systemische Verantwortung wird infamerweise in eine individuelle Verantwortung umgedeutet und erweist sich als Steigbügelhalter eines gnadenlosen kapitalistischen Systems. Das hört sich alles sehr abstrakt an, okay. Und natürlich bin ich zu dieser Erkenntnis erst Jahre später gekommen. In meinen jungen Jahren war ich noch fest davon überzeugt, dass ein jeder mit harter Arbeit an sein Ziel kommen wird. Mein Weltbild ließ keinen anderen Gedanken zu.

Natürlich gab es auch in unserer Familie die üblichen Reibereien. Der Wertekanon meiner Mutter basierte auf einem intuitiven Gespür dafür, was gut für die Menschheit und im Besonderen gut für mich ist. Aufgrund meiner Behinderung wurde mir sehr viel Aufmerksamkeit gewidmet. Das führte manchmal auch dazu, dass meine Schwester früh selbstständig werden musste, weil auf ihr nicht derselbe Fokus lag wie auf mir – »dank« meines Handicaps. Dabei war diese ständige Aufmerksamkeit auch für mich nicht immer schön. Vor allem dann nicht, wenn dieser Helikopter-Modus der festen Überzeugung entsprang, dass ich Hilfe in allen Bereichen meines Lebens benötigte. Es war stets eine Grauzone: Meine Mutter warf sich immer dann, wenn ich aufgrund meiner Hörschädigung oder meiner Hautfarbe vermeintlich benachteiligt und/oder diskriminiert wurde, für mich ins Zeug. So kämpfte sie gemeinsam mit meinem Papa darum, dass ich eine vernünftige

Sprachtherapie erhielt. Meine Hörschädigung hatte den unschönen Effekt, dass ich vieles sehr undeutlich und verwaschen aussprach. Das führte dazu, dass mich mein Umfeld häufig schlicht und ergreifend für ein wenig dumm hielt. Meine Mutter und mein Papa legten sich in diesen Momenten mit Gott und der Welt an und schützten mich, so gut es ging, vor vielen Ungerechtigkeiten und unsäglichem Verhalten mir gegenüber.

Ich war kein selbstbewusstes Kind und wurde kein einfacher Schüler, weil ich intuitiv spürte, dass ich anders war, als mein Umfeld mich sah. Ich gehörte in keiner Welt so richtig dazu, egal wie wenig oder wie sehr ich mich darum bemühte. Das Problem war nur, dass ich all das zu diesem Zeitpunkt noch nicht reflektieren und in gute Worte fassen konnte. Mein Ventil waren damals Wut, Trotz und Verweigerung. Meine Rettung, so würde ich das heute sehen, waren Bücher. Immer schon, von klein auf. Wenn mir die Welt da draußen zu anstrengend, zu unfair und überhaupt als wenig lebenswerter Ort erschien, vertiefte ich mich in ein Buch und sank ein in Welten, die mich begeisterten und vergessen ließen, dass ich in der »wahren« Welt nicht wirklich glücklich war. Ich erinnere mich daran, dass ich die Jugendbüchereien in meinem Viertel nach einer Zeit »leer gelesen« hatte, sodass mein Papa mit mir an manchen Tagen mit dem Rad in entferntere Viertel von Köln fuhr, um die dortigen Büchereien nach neuem altersangemessenem Lesefutter für mich abzugrasen. Kein Buch, kein Genre war vor mir sicher. Damals habe ich das vermutlich gar nicht so sehr zu schätzen gewusst, aber heute weiß ich, dass das nicht selbstverständlich und sehr liebevoll von ihm war – gerade auch bei den Reibereien, die wir im Alltag oft bewältigen mussten. Denn unser Familienleben war nicht immer einfach. Es gab klare Vorstellungen und Regeln und die waren in den seltensten Fällen verhandelbar. Andererseits rechne ich meiner Familie hoch an, was sie alles für mich getan und schlussendlich auch erreicht hat. Wenn ich von meinem Vater beziehungsweise Papa spreche, dann meine ich nicht meinen Erzeuger, sondern den Mann, den meine Mutter kennen- und lieben lernte und der mich schließlich adoptierte. Damit wurde ich zu seiner und er zu meiner Familie. Meine Mutter und mein Vater haben mich zusammen aufgezogen und mich trotz aller Widrigkeiten und Herausforderungen nie im Stich gelassen. Zu meiner Schwester habe ich eine unverdächtige Geschwisterbeziehung. Sie lebt in Köln und macht ihren Master in translationale Neurowissenschaften. Es ist sicher keine Übertreibung, dass sie einer der smartesten und toughsten Menschen ist, die ich kenne. Dafür schätze und bewundere ich sie.

Wenn man wie ich 1992 in Deutschland schwerbehindert auf die Welt kam, war die Schulkarriere vorgezeichnet. Die »Förderschule« war ein Synonym für eine Sonderschule mit entsprechendem Image. Ein Stigma, das einen vom ersten Tag der Kindergarten- und Schulzeit an begleitet. Mit fünf oder sechs Jahren ging das für mich los. Von diesem Zeitpunkt an kam jeden Morgen ein Bus bis vor unsere Haustür und holte mich zusammen mit anderen hörgeschädigten Kindern aus der Umgebung ab. Unser Ziel lag in Köln-Lindenthal. Dort war die LVR-Johann-Joseph-Gronewald-Schule mit dem Förderschwerpunkt Hören und Kommunikation angesiedelt. Hier wurden aus ganz Köln und den umliegenden Städten alle Kinder eingeschult, die entweder gehörlos oder schwerhörig waren. Für mich waren das fast zehn Kilometer jeden Morgen und jeden Nachmittag quer durch die Stadt. Inklusion, wie man sie heute kennt, gab es damals noch nicht.

Ich war kein einfacher Schüler, das kann man mal so festhalten. Bei den Lehrern gehörte ich nicht unbedingt zu den Lieblingsschülern. Meine Haltung war klar: Auch ohne allzu große

Anstrengungen waren meine Leistungen gut genug, warum sollte ich mich dann auch noch großartig im Unterricht engagieren und besonders fleißig sein? Ich sah nicht ein, warum ich mit meinen Mitschülern konkurrieren sollte. Gerne würde ich behaupten, das sei damals schon eine gesellschaftskritische Weigerung gewesen, um nicht in einen Leistungswettbewerb mit meinen Klassenkameraden einzusteigen. Vermutlich waren es aber bloß Faulheit und mein Eindruck, dass es ohnehin keinen Unterschied machen würde, ob ich nun viel oder wenig in meine schulischen Leistungen investierte. Mir wurden einfach keine Perspektiven aufgezeigt, alles erschien mir unmöglich.

Mit den anderen Kindern in meiner Klasse kam ich einigermaßen klar, auch wenn es da hin und wieder latent rassistische Vorfälle gegeben haben muss. Es existiert ein Fragebogen aus meiner Schulzeit aus dem Jahr 2003, da war ich elf Jahre alt. Unsere Klassenlehrerin hat ihn offenbar allen Schülerinnen und Schülern vorgelegt, sodass am Ende von jeder und jedem von uns ein »Steckbrief« mit passendem Foto vorlag. Auf meinem Bild schaue ich fröhlich lächelnd mit einer Zahnlücke in die Kamera. Als Hobbys habe ich »Computerspiele« angegeben, meine Lieblingsfarbe muss »Ferrarirot« gewesen sein, der Berufswunsch war »Pilot«. So weit, so harmlos. Ein wenig tiefer lässt schon blicken, dass ich die Frage »Was ich gerne mag« mit »Kampfsport« beantwortet habe. Ein Sport, in dem ich schon in jungen Jahren auch im Verein aktiv war. »Was ich nicht gerne mag« war die nächste Rubrik, meine Antwort: »Spucken«. Schließlich folgte noch eine weitere Frage: »Was mich sehr ärgert«. Ich schreibe meine Antwort jetzt hier bewusst ganz vollständig aus, obwohl darin ein Wort vorkommt, das damals wie heute zutiefst rassistisch ist. Aber als elfjähriger Schüler in der fünften Klasse muss es eine Erfahrung gewesen sein, die offenbar nicht so ungewöhnlich für mich gewesen ist: »Wenn jemand Neger zu mir sagt.«

3
Die Saat wird gesetzt

»Education is the most powerful weapon which you can use to change the world.«

Nelson Mandela

In meinem Zeugnis der zehnten Klasse steht es schwarz auf weiß: Ich hätte nicht von der Schule abgehen müssen. Ich wäre – theoretisch – befähigt gewesen, mit der elften Klasse und darüber hinaus bis zum Abitur weiterzumachen. Meine Leistungen hätten dicke ausgereicht.

Im Nachhinein würde ich sagen: Vieles in meinem Leben wäre vermutlich anders gelaufen, wenn ich auf der Schule geblieben wäre. Auf jeden Fall hätte es weniger Umwege, Kämpfe und Kränkungen bedeutet. Warum ich dann nicht einfach dabeigeblieben bin, sondern nach dem Abschluss in der zehnten Klasse eine Ausbildung angefangen habe? Ganz einfach: Meine damalige Lehrerin sprach sich gegen eine Empfehlung für die Oberstufe aus. Damals war eine solche Oberstufenempfehlung, zumindest bei uns, noch die strukturelle Voraussetzung dafür, Abitur machen zu dürfen. Ihre Botschaft zu dem Thema war eindeutig: »Du bist nicht gut genug, du schaffst es nicht, die nötige Aufmerksamkeit und Disziplin für eine höhere Schullaufbahn aufzubringen.«

Auffällig war schon damals, dass an meiner Schule sehr viele Schüler:innen mit migrantischem Hintergrund waren. Das ist bis heute so: An diesen sogenannten Förderschulen tummeln sich überdurchschnittlich viele Schülerinnen und Schüler aus Familien mit Migrationsgeschichten, die leider allzu häufig auch zu den einkommensschwachen Gruppen der Gesellschaft gehören. Gleichzeitig lernen an den inklusiven Schulen, also dort, wo behinderte und nicht behinderte Menschen gemeinsam unterrichtet werden, sehr viele schwerbehinderte Schüler aus sogenannten gut situierten und/oder akademischen Elternhäusern. Zufall ist das nicht, gerecht schon gar nicht. Wie so vieles in dieser Gesellschaft. Ein weiterer Fakt am Rande: Nur etwa zwei Drittel aller Schwerbehinderten von Förderschulen verlassen die Schule mit einem Abgangszeugnis. Der Rest bleibt auf der Strecke – der Weg in ein überwiegend prekäres Leben ist da im Grunde schon vorgezeichnet.

Viele Entscheidungen innerhalb dieses Schulsystems werden über die Köpfe der Betroffenen hinweg gefällt. Nicht aus Bosheit, sondern gespeist aus einem toxischen Cocktail aus systemischer Gewohnheit, Ignoranz gegenüber uns Betroffenen und dem Glauben, zu guten Leistungen und ambitionierten Zielen seien wir ohnehin nicht in der Lage. Geprägt von der festen Überzeugung, dass wir als Betroffene nicht selbst am besten einschätzen können, was wir wollen und brauchen, sondern stattdessen Hilfestellung in jedem Aspekt unseres Lebens benötigen. Aus dieser paternalistischen Logik heraus wird klar, dass uns beinahe jede relevante

Entscheidung abgenommen wird. Sich gegen diese übergriffige Praxis aufzulehnen, ist für uns nicht einfach, sondern eine Herkulesaufgabe. Fehlt es doch oft am nötigen Selbstbewusstsein und an einer inneren Stärke, sich gegen solch einen abstrakten Apparat zur Wehr zu setzen. Woher sollen Selbstbewusstsein und Stärke auch kommen, wenn man zeit seines Lebens kleingehalten wird? Ich hege den Verdacht, dass es vielen anderen Schwerbehinderten so ging wie mir selbst: Wir haben es schulterzuckend hingenommen, wenn uns das eigene Leben aus der Hand genommen werden sollte.

Auch ich habe damals einfach hingenommen, nach der zehnten Klasse von der Schule abgehen zu müssen, obwohl ich innerlich für sehr viel mehr bereit war. Eine Frage des Selbstbewusstseins, denke ich heute. Ich war fünfzehn Jahre alt. Fünfzehn! Dabei trug ich damals schon insgeheim den Wunsch mit mir herum, Abitur zu machen, um dann möglicherweise sogar Jura zu studieren. Hört sich verrückt an, ist aber mein voller Ernst. Der Grund dafür war eine US-amerikanische Anwaltsserie. »Boston Legal« hatte einen enorm großen Einfluss auf mich. Dabei ging es mir weniger um das glamouröse, luxuriöse Leben, das die Protagonisten führten. Mich beeindruckte vielmehr, wie man durch brillante Rhetorik und offenbar unerschöpfliches Wissen enormen Einfluss nehmen konnte. Dass man respektiert wurde, wenn man sich gut ausdrücken konnte und für sich oder seine Sache eintrat. Das verkaufte mir die Serie zumindest – auch wenn sie natürlich vollkommen überzogen war. Natürlich habe ich von diesen Träumen niemandem erzählt. Nicht mal ich selbst habe ja ernsthaft daran geglaubt, einen solchen Weg wirklich gehen zu können. Ich hielt es für eine unrealistische Träumerei von mir, mehr nicht.

Dass ich nicht zum Abitur zugelassen wurde, war ein schwerer Schlag für mich. Ich litt jahrelang darunter, offenbar »nicht gut genug« zu sein, auch wenn ich nie offen darüber sprach. Klar war ich manchmal unaufmerksam in der Schule, in gewissen Phasen auch weitgehend isoliert in der Klasse und darüber hinaus sicher nicht jeden Tag ein fröhlicher Sonnenschein. Häufiger, als mir lieb war, wurde ich innerlich von düsteren Stimmungslagen gequält und es kostete mich viel Energie, sie ständig vor meiner Umwelt zu verstecken. Es scheint auch nicht immer funktioniert zu haben. Ich erinnere mich daran, dass einmal eine Lehrerin zu mir kam und meinte, dass sie während mancher meiner depressiven Verstimmungen fürchtete, dass ich in der Schule völlig austicken und meine Mitschüler attackieren würde. Ich hoffe, sie hat das nur spaßeshalber gesagt.

Recht hatte sie allerdings mit ihrer Einschätzung, dass ich mich im Unterricht nicht immer wohlgefühlt habe und dass ich das durch mein Verhalten auch deutlich zum Ausdruck gebracht habe. Aber warum? Nicht weil mich der Lehrstoff überforderte. Na gut: Mathematik war immer schon eine Qual für mich. Das zieht sich bis heute auch durch mein Studium. Ich hatte allerdings schon damals ein sehr gutes Gespür für geisteswissenschaftliche Fächer und konnte damit gewisse Defizite in den mathematischen oder naturwissenschaftlichen Bereichen gut ausgleichen. Doch leider war der gesamte Unterricht darauf ausgerichtet, uns nur das Nötigste zu vermitteln und den vorgegebenen Lehrstoff irgendwie durchzuprügeln. Ein Umstand, der dazu führte, dass ich heute als ausgebildeter Buchhändler und studierter Politikwissenschaftler immer wieder Lücken in meiner Bildung bemerke, die ich schließen muss. Rückblickend sehe ich das so: Man machte uns fit für den Alltag und unser späteres Berufsleben, aber auf einem Niveau, das nicht auf den einzelnen Schüler zugeschnitten war, sondern sich nur am kleinsten gemeinsamen Nenner orientierte. Man traute uns – ohne boshafte Absicht – intellektuell nicht viel zu. Das bemerkte ich an der Art, wie mit uns gesprochen, wie grob übergriffig viele

Entscheidungen für uns getroffen wurden. Ich habe den Verdacht, dass Menschen, die nicht behindert sind, die Sensibilität von Behinderten völlig unterschätzen. Wir merken sofort, wenn mit uns nicht auf Augenhöhe kommuniziert wird und wir stattdessen von oben herab behandelt werden.

Wir sollten an der Schule abgerichtet werden für einen späteren Berufsalltag auf bescheidenem Level. Platz für große Ziele und Ambitionen war da keiner. Ich erinnere mich zum Beispiel an einen von mir sehr geschätzten Mitschüler, nennen wir ihn an dieser Stelle einfach Tobias. In meinen Augen war er ein mathematisches Genie, Tobias fiel alles leicht, was mit Zahlen und abstrakten mathematischen Zusammenhängen verbunden war. Das war unheimlich, fast so, würden die Zahlen lebendig werden und mit ihm sprechen. Auch unsere Lehrer erkannten das und steckten ihn in einen Leistungskurs Mathematik. Das war's aber auch schon. Statt ihn gezielt zu fördern, hat man ihn auf schlichtes Funktionieren auf einem Level getrimmt, das für Menschen wie uns vorgesehen war. Natürlich wäre es falsch, die Verantwortung dafür allein auf unsere Lehrer abzuwälzen. Das wäre zu kurz gedacht. Es sind vor allem die Strukturen in unserem Bildungssystem, die einzelnen Lehrerinnen und Lehrern klare Grenzen aufzeigen und vielen Behinderten den Weg zu einem selbstbestimmteren und an ihre tatsächlichen Talente angepassten Leben abschneiden. Dabei gingen viele unserer Lehrer:innen mit viel Herzblut an ihre Aufgaben. Meine damalige Klassenlehrerin oder auch mein Sportlehrer nahmen sich selbst in ihrer Freizeit enorm viel Zeit, um unermüdlich an unseren Schwächen zu arbeiten. Immer mit dem ehrenwerten Ziel, uns so gut wie irgendwie möglich auf einen Platz in der Gesellschaft vorzubereiten. Aber auch sie hatten verständlicherweise nur begrenzte Ressourcen. Worauf konzentriert man sich vor diesem Hintergrund als Lehrkraft, wenn man weiß, dass man nur ein bestimmtes Zeitfenster hat, um Hunderte schwerbehinderte

Kinder auf eine Welt vorzubereiten, die gnadenlos, kalt und rücksichtslos ist?

Tobias ist heute Buchbinder. Nichts gegen Buchbinder, das ist ein schöner und wertvoller Job. Man wird niemanden aus dem Buchbusiness finden, der etwas anderes behaupten würde. Tobias' Berufung aber war eine andere, davon bin ich zumindest zutiefst überzeugt. Aber statt ihn möglicherweise auf ein noch erfolgreicheres und eventuell befriedigenderes Leben vorzubereiten, hat man ihn eher darauf konditioniert, brav und hörig zu sein, zufrieden mit dem wenigen, was er hat. Wäre er empowert worden, hätte er vielleicht studieren können.

Ich hätte das zu dieser Zeit nicht so präzise formulieren können, weil ich noch viel zu unreflektiert war. Aber intuitiv habe ich mich gegen diese Art der Verschulung auch damals schon ein Stück weit aufgelehnt. Ich war ein auffälliger Schüler, ohne Zweifel, arrogant, unzugänglich und unkonzentriert. Meine Lehrer sahen schon, dass in mir mehr steckte, als ich oft zu zeigen bereit war. Doch sie wussten nicht, wie sie mit mir umgehen sollten, und ich wusste wiederum nicht, wie ich mich ihnen gegenüber verhalten sollte. Ich wusste nicht, wie ich die ganzen Reibereien mit ihnen vermeiden konnte, die sich durch meine Schulzeit zogen. Zumal meine Noten trotzdem immer okay waren. So okay, dass meine Empfehlung für die Oberstufe am Ende der zehnten Klasse verdient war. Trotzdem wurde mir dieser Pfad verweigert.

Abitur?

Nicht für mich.

Was aber stattdessen? Klar, eine Lehre. Was kam da überhaupt infrage? Ich hatte keine wirkliche Vorstellung von der Arbeitswelt. In welche Richtung wollte ich, oder besser: konnte ich, da überhaupt denken? Handwerklich war ich, trotz meiner frühen Vorlieben für das Werkeln auf dem Kinderspielplatz, nicht sonderlich begabt. Welche Optionen ließ meine Hörschädigung mir überhaupt? Ich habe immer gern gelesen, Bücher waren mein Steckenpferd und wohl auch meine Hebel, um mich aus dem echten Leben auszuklinken. Freunde hatte ich im echten Leben nicht wirklich viele. In meiner frühen Jugend verspürte ich häufig eine tiefe, kalte Einsamkeit.

Um diesem Gefühl wenigstens für kurze Zeit zu entfliehen, stürzte ich mich in die atemberaubenden Welten, wie ich sie nur in Büchern vorfand. Mit jeder Faser meines Ichs tauchte ich in den fremden, geheimnisvollen Kosmos ein, den mir die jeweilige Geschichte bot. Das waren Welten, in denen scheinbar alles perfekt war oder am Ende wenigstens gut ausging – trotz schrecklicher Antagonisten. Fasziniert verschlang ich Bücher über Freundschaften, Abenteuer, sagenhafte Kämpfe und Intrigen, verschwand gemeinsam mit großartigen Helden in den Tiefen des Universums. Umso schlimmer das Gefühl der Leere, wenn ich wieder ein Buch ausgelesen hatte. Ein Verlust, den ich nur mit der Entdeckung einer neuen Geschichte ausgleichen konnte. Ich fand die Wärme in meinen Büchern, die mir im echten Leben so oft fehlte.

Warum, so dachte ich also, wirst du nicht einfach Buchhändler? Als Buchhändler würde ich noch mehr lesen dürfen und man musste Menschen beraten und sich mit ihnen auseinandersetzen. Auch wenn ich nicht so viele Freunde hatte – oder vielleicht sogar, weil das nicht der Fall war –, hungerte ich nach mehr Kontakt zu Menschen. Als Buchhändler wäre ich dabei zudem noch von vielen Büchern umgeben. Das klang definitiv nach einer Option für mich. Dachte ich.

Zu meinen Eigenschaften gehörte es schon immer, schnell Entscheidungen zu fällen und dann dabeizubleiben. Ich ziehe die Sachen durch, für die ich mich entschieden habe. Auch wenn es schwierig wird. Und mein vager Wunsch, Buchhändler zu werden, war eindeutig schwierig. Ich habe zuerst ein Praktikum in der Stadtbücherei Köln-Nippes gemacht, das fand ich ganz nett und es hat mich immer an die Zeit erinnert, als mein Vater mit mir die Stadtbüchereien in Köln abgefahren ist. Aber was es mit diesem Buchhändlerberuf auf sich haben würde, war mir zu diesem Zeitpunkt gar nicht richtig bewusst. Es spielte aber keine Rolle, denn ich habe meinen Entschluss nicht infrage gestellt. Mir war ja klar, dass ich irgendwas machen musste, allein schon deshalb, weil ich meine Eltern nicht enttäuschen wollte. Da war die Ausbildung zum Buchhändler eine naheliegende Lösung.

Mein Vater hat mir dann in einer Buchhandlung, wo er selbst regelmäßig Kunde war, einen Vorstellungstermin bei der Inhaberin organisiert. Meine spätere Chefin, die ich immer sehr respektiert habe, schien wohl trotz meiner Hörschädigung etwas in mir zu sehen. Ich bekam den Job.

Dieser Job war dann aber wenig überraschend selten so, wie ich mir das in meinen zugegeben eher unrealistischen Träumen vorgestellt hatte. Ich fand mich schnell an einem Schreibtisch wieder und stellte zu meinem Leidwesen fest, dass man in einem kaufmännischen Beruf viel mit Zahlen umgehen musste. Immer kämpfte ich mich durch dichte Wälder aus Rechnungen, Belegen und Aufträgen, ein Teil der Arbeit, dem ich einfach nicht entkommen konnte und der mit meiner Liebe zum Lesen überhaupt nichts zu tun hatte.

Jedenfalls meistens. Das Schönste an meinem Job waren noch die Leseexemplare, die wir Buchhändler uns bei den Verlagen bestellen durften. Nachmittags war ich schließlich doch hin und wieder im Laden, um Kunden zu beraten. Da bot es sich an, einige der Bestsellerautoren und ihre aktuellen Bücher zu kennen. Was ich in meiner Ausbildungszeit erlebte, war durchaus ambivalent. Beim Publikumsverkehr konnte alles passieren, ich war immer wieder überrascht, wie vielfältig – borniert oder smart, boshaft oder respektvoll – die Charaktere sein konnten, die doch offenbar die Liebe zur Literatur mit mir teilten. Der ergraute Lehrer, der es nicht fassen konnte, dass mir Thomas Mann ein Begriff war und ich ohne große Erklärungen und Beschreibungen in der Lage war, genau das richtige Werk aus dem Regal zu ziehen. Die Rentnerin, die bewundernd feststellte, wie toll es doch sei, dass ich so schön Deutsch sprechen könne. Das Ehepaar, das mich für eine Reinigungskraft hielt und mich nach einem echten Buchhändler fragte. Der Mann, der mich anmotzte, meine MP3-Stöpsel aus dem Ohr zu nehmen, und der mich nach meinem Hinweis darauf, dass das meine Hörgeräte seien, empört anraunzte, dass ich ihm das gefälligst vorher mitteilen und ihn nicht aufs Glatteis führen solle. Schräg auch die Person, die sich bei mir darüber empörte, dass man das N-Wort aus den Kinderbüchern eliminiert habe und dass solche Eingriffe die klassische Kinderliteratur entwerten würde. Die Liste ließe sich endlos weiterführen. Natürlich gab es auch Kundinnen und Kunden, die mich ermutigten und mich behandelten, als gehörte ich selbstverständlich in die wundersame Welt der Buchhändlerinnen und Buchhändler.

Das Schlimmste an der Ausbildung aber waren die zwei Tage in der Woche, die ich an der Berufsschule verbringen musste, dem Joseph-du-Mont-Berufskolleg. Das erste Mal in meinem Leben war ich umringt von Menschen, die nicht behindert waren. Und dann im unterschiedlichsten Alter! Mit meinen fünfzehn Jahren spürte ich förmlich, dass ich ein Küken war. Eine zutiefst anstrengende und erschöpfende Erfahrung, wenn ich ehrlich bin. Zu oft habe ich im Unterricht nicht verstanden, worum es überhaupt ging. Akustisch, meine ich. Zu oft wurde ich einfach übersehen, ignoriert oder belächelt. Von Lehrkräften wie auch von Mitschüler:innen. Im Prinzip habe ich die Berufsschule nur deswegen bestehen können, weil meine Chefin sich für mich einsetzte. Sie stellte mir stets am Tag nach der Berufsschule einen Kollegen zur Seite, der mir erklärte, wie Buchhaltung funktionierte, was es mit Begriffen wie auktoriale Erzählperspektive auf sich hatte, welche Genres in der Literatur ich draufhaben sollte. Dass ich auch heute noch gerne an meine Zeit als Azubi in der Buchhandlung zurückdenke, hängt vor allem mit dieser Unterstützung zusammen, für die meine Chefin sorgte. Ich bin ihr sehr dankbar, dass sie mir diese Chance gegeben hat und während der Ausbildung auch nicht lockerließ, wenn ich Probleme mit den Umständen des Jobs hatte.

Aber selbst mit dieser Unterstützung habe ich den theoretischen Teil der Prüfung nur mit Ach und Krach geschafft, dafür aber den praktischen Teil ganz gut abgeschlossen. Spaß machte mir die Buchhändlerei aber zu diesem Zeitpunkt schon nicht mehr. Nach anderthalb Jahren wusste ich schon, dass ich den Beruf nicht lange weitermachen wollte. Ich war auch ein paarmal kurz davor, einfach hinzuschmeißen. Aber das war für meine Eltern keine Option, die immer klar gesagt haben: Du ziehst das jetzt durch. Und ich, ich war ja nicht einmal volljährig.

Jetzt habe ich eine Urkunde von der IHK, die mir bescheinigt, dass ich ausgebildeter Kaufmann im Einzelhandel mit Schwerpunkt auf Belletristik bin. Ohne diese Ausbildung wäre ich heute sicher nicht so selbstbewusst im Umgang mit Menschen.

Schon während meiner Ausbildung aber war für mich klar: Wenn du nicht in diesem Job alt werden willst, brauchst du eine Alternative. Fürs Vollabitur fehlte mir immer noch das Selbstvertrauen, aber das Fachabitur, das könnte klappen. Ich fand heraus, dass es in Essen die Möglichkeit für Schwerhörige und Gehörlose gab, auf einem Schulkolleg das Fachabitur zu machen. Gesagt, getan! Nach der Ausbildung also angemeldet, durchgezogen.

Mein bester Abschluss war dieses Fachabitur sicher nicht. Aber die Zeit, in der ich von zu Hause wegzog, zum ersten Mal in einer

WG wohnte und eine ganz neue Art von Freiheit für mich entdeckte, war es wert. Keinen Tag davon bereue ich.

Das Problem war jetzt nur, dass ich immer noch keinen Plan hatte, wie es mit meinem Leben weitergehen sollte. Vor dem »richtigen« Abitur träumte ich zwar weiterhin, hatte aber auch großen Respekt davor.

Die Lösung für dieses Problem hieß erst einmal: Ghana. Ein Auslandsjahr auf dem afrikanischen Kontinent. Am Berufskolleg in Essen hörte ich durch Zufall zum ersten Mal von einem Verein, der Entwicklungsarbeit mit Behinderten förderte. Die Mitglieder engagierten sich dafür, dass häufiger schwerbehinderte Menschen für ein Jahr Freiwilligenhilfe ins Ausland gehen konnten. Das kam genau im richtigen Moment für mich. Ohne auch nur einen Moment zu zögern, signalisierte ich, dass ich wirklich richtig, richtig großes Interesse habe – und plötzlich ging alles ganz schnell. Bevor ich im Detail wusste, worauf ich mich einließ, ging es nur noch um die Frage, ob ich ein Jahr nach Südamerika oder doch lieber auf den afrikanischen Kontinent gehen wollte. Ich entschied mich aus dem Bauch heraus sofort für Afrika. Ich wollte unbedingt wissen, wie es sich für mich in einem Land leben ließ, in dem ich nicht explizit als Schwarzer Mensch identifiziert werden würde. Mit Menschen zu streiten und zu lachen, die so aussahen wie ich. Ich wollte wissen, ob es sich anders anfühlt, nicht der einzige Schwarze im öffentlichen Raum zu sein. Und ja, auch ob sich ein Gefühl der Zugehörigkeit bei mir einstellen würde, ob es mir gelingt, unerschrocken *black culture* zu zelebrieren, ohne dabei einem Rechtfertigungsdruck ausgeliefert zu sein. Ich wollte einfach wissen, wie es sich anfühlte, nicht ständig aufpassen zu müssen, nicht ständig darauf achten zu müssen, wie man sich in bestimmten Kontexten und Räumen verhielt, ausdrückte und bewegte. Ich wollte, um es so deutlich zu sagen, mich einmal nicht dafür rechtfertigen müssen, deutsch und Schwarz zu sein.

Ich landete in Ghana, genauer gesagt in Cape Coast, einer verträumten mittelgroßen Stadt an der Küste, die einst der Drehumschlagplatz für den grausamen transatlantischen Sklavenhandel gewesen war. Beeindruckend dort vor allem das *Cape Coast Castle*, bekannt auch als »Gate of no return« – heute dient es als öffentliches Mahnmal an die schreckliche Zeit des Sklavenhandels. So unscheinbar die Burg heute aussieht, so erschreckender ist ihre Geschichte.

Meine Zeit in Ghana als kleines Abenteuer zu bezeichnen, ist vermutlich eine ziemliche Untertreibung. Es fing schon damit an, dass mein Cochlea-Implantat durch die hohe Staubbelastung in Cape Coast den Geist aufgab. Das Cochlea-Implantat ist eine Hörprothese für Gehörlose und Ertaubte, deren Hörnerv als Teilorgan der auditiven Wahrnehmung noch funktionsfähig ist. Mir war das Implantat schon im Alter von fünfzehn Jahren eingesetzt worden und es war eine große Hilfe. Ohne das funktionsfähige Implantat war ich praktisch von einem Tag auf den anderen nahezu taub. Nicht direkt die beste Voraussetzung, um in einem völlig fremden Land klarzukommen. Ich verstand vier Monate lang kein Wort und musste aufs Lippenlesen zurückgreifen. Wie gut, dass ich das beherrschte.

Damit das Implantat repariert werden konnte, musste ich extra drei Stunden nach Accra, der Hauptstadt Ghanas, fahren, um dort mein Hörgerät einem Freiwilligen in die Hände zu drücken, der nach Köln flog. Dort haben meine Eltern das defekte Gerät in Empfang genommen, haben es reparieren lassen und danach wiederum einem freiwilligen Helfer übergeben, der ebenfalls nach Accra flog. Logistisch ein absoluter Albtraum, wie man sich vorstellen kann.

Heute kann ich über diese amüsante Anekdote lachen, aber damals, in der konkreten Situation, war das überhaupt nicht komisch, nicht mal im Ansatz! Mein Glück war, dass ich in Cape

Coast an der School for the deaf & blind war, da konnte ich mich mit den gehörlosen Schüler:innen mithilfe der Gebärdensprache verständigen.

In der Schule in Cape Coast bin ich als »Lehrer« eingesetzt worden. Nicht unbedingt das, was ich erwartet habe. Ich war davon ausgegangen, dass ich junge Menschen in Ghana betreue und ihnen bei der Freizeitgestaltung zur Seite stehe. Aber ich wurde gleich vor eine Klasse gestellt, begleitet von den besten Wünschen, ohne Ausbildung und Plan … Zudem sollte ich die Schüler auch noch in Mathematik und IT unterrichten. Von allen Fächern ausgerechnet Mathematik. Ohne verbindlichen Lehrstoff und entsprechende Unterlagen. Ich habe den Unterrichtsstoff noch selbst erstellen müssen. In Fächern, in denen ich selbst verzweifelte. Irgendwie schien das Universum zu glauben, dass ich noch nicht ausgelastet genug gewesen war. Also stellte es mir gleich noch ein Problem vor die Tür.

Abgesehen von ganz konkreten Erfahrungen und den Konflikten, die dadurch entstanden, habe ich in Ghana auch zum ersten Mal so etwas wie einen politischen Gedanken gefasst, ich weiß nicht, wie ich das besser ausdrücken kann. Vielleicht so: Ghana hat die Saat gelegt für mein politisches Denken. Mir fiel zum ersten Mal auf, wie herablassend Schwarze Menschen von vielen *weißen* Freiwilligen im Land systematisch beurteilt und behandelt wurden, unabhängig vom Verhalten einzelner Personen. Einfach nur wegen ihrer Hautfarbe, ihrer vermeintlichen Armut und ihrer Herkunft. Ich sah *weiße* Arroganz in einem Umfeld, in dem *weiße* Menschen in der Minderheit waren. Wow!

Interessanterweise beeinflusste die Tatsache, dass ich als deutschsprachiger Mann eher den Expats zugeordnet wurde, den Umgang mit mir. Auch in meinem Beisein sprach man ohne Hemmungen über unsere ghanaischen Gastgeber. Es war zutiefst erschreckend und bedrückend für mich zu spüren, wie wenig Respekt man vor ihnen hatte, das war schon Gutsherrenrassismus in Reinkultur. Die Europäer, auch viele Deutsche, fühlten sich nicht als Gast in diesem Land, sondern benahmen sich auf eine gönnerhafte Weise so, als gehörte ihnen das alles. Sehr strange.

Gleichzeitig gewann ich den Eindruck, dass die Freiwilligendienste im Ausland nicht ausschließlich positive Effekte für das jeweilige Land hatten. Stattdessen verfestigten und reproduzierten sich viele problematische Stereotypen. Wie kann es zum Beispiel sein, dass junge Menschen aus Europa oder generell dem globalen Norden wie selbstverständlich in den globalen Süden reisen können, um dort – natürlich ohne jegliche Ausbildung, nur ausgerüstet mit gutem Willen und einer gönnerhaften Saviourism-Attitüde – wichtige Arbeitsplätze zu besetzen? Getrieben von dem arroganten Glauben, dass man dort auch ohne fachliche Qualifikation nur Gutes bewirken wird. Man stelle sich das mal umgekehrt vor. Ghanaische »Helfer« reisten nach Deutschland, um hier Schülerinnen und Schüler ohne jegliche Ausbildung zu unterrichten. Weil wir's ja selbst nicht draufhaben ... »Skandal!« würde die Schlagzeile in den räudigen Boulevardblättern unserer Republik lauten, Unterzeile: »Was bilden die sich ein?«. Umgekehrt ist es dann aber wieder okay, macht sich sogar gut im Lebenslauf. Satire pur.

Ghana war sicher ein wichtiger Meilenstein in meiner Entwicklung. Nach meinen Erfahrungen dort hatte ich das Gefühl, dass ich mich nicht mehr so leicht unterkriegen lassen würde. Es klingt zwar wie eine Binsenweisheit aus einem kitschigen Kalender, aber für mich stimmt es: Verlasse deine Komfortzone und du wirst mit anderen Perspektiven, Werten und Ideen konfrontiert, wirst deinen Horizont kritisch erweitern. So fühlte sich das auch für mich an. Ich genoss das Privileg, dass ich große interkulturelle Kompetenz entwickeln durfte und durch die vielen unterschiedlichen

Kontakte aus allerlei religiösen und politischen Zusammenhängen ganz viele neue Freundschaften schließen konnte. Es war nicht so, dass ich meine ganzen Eindrücke gleich in politische Gedanken hätte umwandeln können, ich habe meine Beobachtungen nicht direkt als persönliche Politisierung wahrgenommen. Aber rückblickend würde ich sagen: Ich habe erstmals eine lautlose Gesellschaftskritik formuliert. Die Saat war gesetzt.

4 Reifeprüfung?

»Es ist eine Sache, eine Wahl treffen zu müssen, aber eine ganz andere, nie eine Wahl gehabt zu haben.«

Ally Condie

Mein Abenteuer in Ghana ging zu Ende, ohne dass ich die Antworten auf viele meiner Fragen gefunden hätte. Sollte ich mit dem Fachabitur in der Tasche eine gute Fachhochschule suchen, um dort zu studieren? Und wenn ja, was würde ich überhaupt studieren wollen? Oder sollte ich mich jetzt langsam mal an die Verwirklichung meines großen Traumes machen und versuchen, das Abitur – also das richtige Vollabitur – nachzumachen? Fast sechs Jahre waren seit meinem Realschulabschluss vergangen, ich hatte meine Ausbildung zum Buchhändler gemacht, war Fachhochschüler in Essen gewesen und aus Ghana zurückgekehrt. Und immer noch steckte ich im Sumpf meiner tief sitzenden Unsicherheiten fest. Würde ich mich jemals daraus befreien können?

Ich entschied mich, nach meiner Rückkehr aus Ghana erst einmal einen Job zu finden, bevor ich auf die Suche nach einer passenden Abendschule gehen würde. Ein wenig Geld verdienen, um ein finanzielles Polster anzulegen, kann ja nicht so verkehrt sein, dachte ich mir. Wenn ich ehrlich zu mir selbst war, wusste ich schon in dem Moment, in dem ich diese Entscheidung traf, dass ich mal wieder auf Zeit spielte. Verzögerungstaktik nächster Teil. Offenbar war meine Angst vor dem Scheitern immer noch zu groß, mein Selbstbewusstsein nicht ausgeprägt genug, um den nächsten logischen Schritt zu machen. Wenn ich das Abitur in den Sand setzen würde (oder es gar nicht erst versuchen würde), dann hieß das ja, dass das System und meine damalige Schule recht behalten würden. War ich also *wirklich* nicht gut genug, nicht begabt genug, nicht smart genug? Auf der anderen Seite ließ mich der Gedanke nicht los, dieses Thema eines Tages zwangsläufig angehen zu *müssen*. Ich hätte ja auch sagen können, okay, es sollte nicht sein, weiter im Text, das Leben ist auch ohne Abitur nicht vorbei, mach das Beste draus. Doch aufgeben wollte ich nicht. Dazu war der Wunsch, es der Welt da draußen und mir selbst zu beweisen, einfach zu mächtig. Ich wollte dieses Abitur auf jeden Fall, es wurde fast zu einer fixen Idee.

Abitur: ein Traum, den ich lange tief in mir vergraben hatte. Verbunden mit dem Wunsch, eines Tages Jura zu studieren. Hätte ich damals schon gewusst, was ich später als Betriebsratsvorsitzender im Umgang mit juristischen Fachtexten lernte, dann wäre dieser Traum innerhalb von Sekunden in sich zusammengefallen wie ein kalt gewordenes Soufflé. Jura war offenbar kompliziert und unterschied sich im Praxistest doch ziemlich deutlich von dem, was ich in der TV-Serie »Boston Legal« als kleiner Junge so anziehend daran fand. Darin ließen sich die beiden Anwälte Alan Shore und Denny Crane von nichts und niemandem etwas sagen. Ich erwähnte ja bereits den nachhaltigen Eindruck, den diese Serie auf mich gemacht hatte. Die beiden originellen Anwälte kamen meistens mit ihren grandios absurden Auftritten und genialer Rhetorik durch jede noch so komplizierte Situation, eine Extraschippe Glamour immer mit an Bord. Und das alles im Namen der Gerechtigkeit. Ihre schicken Anzüge, die teuren Getränke und die unanständig dicken Zigarren waren vermutlich für mich ein Argument zusätzlich dafür, dass ich die Herren anhimmelte und ihnen in dieser Zeit unbedingt nacheifern wollte. Für einen fünfzehnjährigen Schwarzen und schwerbehinderten Jungen reichte das ja auch vollkommen aus. Schnell malte ich mir eine Zukunft in die Luft, in der ich wortgewaltig die unmöglichsten Fälle verteidigen und dafür von allen geliebt oder gehasst würde, je nach Perspektive. Dass diese Serie mich dermaßen in ihren Bann ziehen konnte, kommt mir aus heutiger Sicht nicht mal sonderlich überraschend vor, sondern ist vermutlich eine Art Copingmechanismus gewesen, also mein individueller Umgang mit belastenden Lebensphasen oder einschneidenden Erlebnissen. Bei mir steckte wohl nicht weniger als der Wunsch dahinter, einfach dazuzugehören. Mitmachen zu dürfen in einer Welt, die kaltblütig mit allen Menschen umgeht, die nicht dem Standard entsprechen und sie isoliert und zurückweist. Herzzerreißend, wenn man drüber nachdenkt.

Das Abitur war für mich auch so eine Art »Boston Legal«, nur diesseits des TV-Monitors und damit eine Spur realistischer, ein bisschen machbarer. Für mich war dieser Schulabschluss schon als kleiner Junge ein Symbol für eine Welt, in der ich endlich auch dazugehören würde, in der ich nicht unsichtbar war. Ich erinnere mich noch sehr gut daran, dass direkt neben unserer Schule ein

Gymnasium lag. Uns trennten nur ein Feldweg und eine lichte Hecke von der höheren Schule und ihren privilegierten Schüler:innen. Genauso gut hätte dort eine meterhohe Betonwand stehen können. Wir lebten und lernten fünfzig Meter entfernt voneinander und doch in verschiedenen Universen. Wir versammelten uns an einem Fenster im obersten Stock unserer Schule und beobachten von dort aus sehnsüchtig das Treiben der »Normis« – so nannten wir die Menschen, die nicht behindert waren. Was für eine spannende, laute und bunte Szenerie sich da vor unseren Augen auftat. Vor allem aber war es eine unerreichbare und unberührbare Welt, die sich nicht für uns interessierte und uns in der Regel nicht mal wahrnahm. Das machte sich auch auf unseren gemeinsamen Schulwegen bemerkbar. Jeden Tag trafen wir zwangsläufig auf Hunderte von Gymnasiastinnen und Gymnasiasten, es gab keine Möglichkeit, sich aus dem Weg zu gehen, dazu lagen unsere beiden Schulen zu nah beieinander. Zu einer richtigen Begegnung aber kam es nie. Wir sprachen nicht mit »denen« und umgekehrt nahmen die »höheren« Schüler keine Notiz von uns. Wir waren einfach unsichtbar für sie. Wie sehr wir uns auch bemühten, selbst so cool wie sie zu wirken, so wenig waren wir in der Lage, den ersten Schritt zu tun und eine kommunikative Brücke zu bauen. Zu groß war unsere Furcht vor Abweisung und Spott.

Vielleicht wird es jetzt ein wenig deutlicher, warum der Gedanke an das Abitur so eine wichtige Rolle in meinem Leben gespielt hat. Also das Abitur, das ich *nicht* hatte. Damals hielt mich der Wunsch danach auf Trab und war mein Motivationsbooster über viele Jahre hinweg. Er sorgte dafür, dass ich in der Schule bessere Leistungen erwirkte, dass ich Klassensprecher und später auch Schülersprecher wurde.

Alles aus dem Wunsch heraus, endlich ernst genommen zu werden.

Reset: Herbst 2014. Zurück aus Ghana, suchte ich nach einer festen Arbeit, die mich finanziell über Wasser halten und die mir im besten Fall auch noch Spaß machen würde. Der erste Teil dieses Plans ging ein Jahr lang auf, doch das mit dem Spaßhaben konnte ich mir schon sehr bald abschminken. Denn ich fand einen Job als Angestellter in einer Modeboutique. Nach ein paar Tagen hätte ich die Abläufe in dem Laden – nennen wir ihn hier mal TRENDS – noch als niedlich und charmant beschrieben. Doch schon nach kurzer Zeit und einigen Blicken hinter die Kulissen stellte sich heraus, dass die Arbeit in der Boutique größere Herausforderungen und einige *red flags* bereithielt. Die Solidarität unter den Kolleg:innen beispielsweise ließ extrem zu wünschen übrig. Bis auf wenige Ausnahmen herrschte untereinander ein extrem angespanntes, fast schon feindseliges Arbeitsklima. Das lag nicht zuletzt am Chef, der eine toxische Atmosphäre förderte. In seinen Augen war völlig klar, dass vor allem seine Mitarbeitenden für die kaufmännischen Katastrophen, die den Laden ständig an der Insolvenz entlangschrammen ließen, verantwortlich waren. Der Herr regierte nach Gutsherrenart in seinem kleinen Reich und behandelte uns mehr oder weniger wie Fußabtreter. Und wir? Schluckten und steckten ein. Wir waren – wie die meisten Arbeitnehmer:innen in dieser und anderen Branchen – finanziell abhängig von dem Job bei TRENDS, Miete und Lebenshaltungskosten in einer Großstadt wie Köln waren damals schon immens. Und im Kapitalismus fragt niemand danach, ob du Rücklagen und Ressourcen für einen eventuellen Jobwechsel hast. Da hilft manchmal nur Augen zu, weitermachen und die Klappe halten – und das gilt vor allem im Niedriglohnsektor.

Auch an behindertenfeindlichem Umgang mangelte es bei TRENDS nicht. Gerade in Konfliktsituationen sprach man mit mir wie mit einem kleinen Kind und suggerierte mir, der doch nur über ein körperliches Handicap verfügte, dass ich wohl auch intellektuell nur auf kleiner Flamme köchelte. Wenn man so mit mir umgeht – in diesem Job, aber auch in anderen Kontexten –, verursacht das bis heute jedes Mal wieder Schmerzen.

In den ersten Monaten biss ich die Zähne zusammen und versuchte, die unangenehmen Begleiterscheinungen der Arbeit einfach auszublenden. Doch irgendwann begriff ich, dass mich das nicht weiterbrachte. Vielleicht war es sogar gut für mich und meine Pläne, dass ich mich in der Boutique nicht in einer Komfortzone einrichten konnte. Die Realität war, dass ich an jedem verdammten Tag daran erinnert wurde, dass ich in einem beschissenen Lohnarbeiterverhältnis festhing und für viel zu wenig Lohn in schlechten Bedingungen ausgebeutet wurde. Ich begann also früher als geplant, nach einer Schule Ausschau zu halten, an der ich mein Abitur machen konnte.

Schnell entdeckte ich im Netz das Abendgymnasium Köln und las mit klopfendem Herzen die Anmeldevoraussetzungen. Wenig überraschend würde der Unterricht hier am späten Nachmittag um 17.30 Uhr beginnen. Es wundert mich in der Rückschau selbst, dass ich naiverweise angenommen hatte, dass mich mein Arbeitgeber in meinem Vorhaben unterstützen würde. Ich meldete mich an der Schule an und bat meinen Chef, mich zukünftig nur noch für die Frühschicht einzuteilen. So müsste ich nicht auf meine Einnahmequelle verzichten, könnte aber trotzdem an der Schule anfangen. Dabei hatte ich für einen kurzen Moment verdrängt, was für ein Mensch mein Chef war. Es hätte ihn nichts gekostet, mich die Frühschichten machen zu lassen, im Gegenteil: Bei den Kollegen war sie eher unbeliebt. Für den Workflow im Geschäft wäre es vermutlich sogar eine Verbesserung gewesen. Doch der Meister aller Klassen blieb sich treu: »Ich bin nicht für deine Bildung zuständig. Wenn du Abitur machen willst, kannst du ja kündigen.«

Wow!

Das war ein harter Schlag ins Gesicht. Mein Finanzierungsmodell war in sich zusammengesackt, bevor es überhaupt aktiviert werden konnte. Ich erinnere mich, wie ich daraufhin nächtelang am Computer saß und Stellenanzeigen durchforstete. Mir war klar: Ohne stabilen Job konnte ich die Schule abhaken. Ich musste Miete zahlen, hin und wieder essen, ein bisschen leben nebenher. Doch was ich da las, klang überwiegend übel. Die allermeisten Jobs waren nicht mit den Zeiten des Abendgymnasiums zu vereinbaren. Und wenn sie es doch waren, handelte es sich um eine Arbeit, die wirklich kein Mensch machen wollte. Dabei waren meine Ansprüche schon extrem niedrig. Ich war wirklich ready, beinahe jeden Job zu machen, der mich meinem Traum näher brachte.

Unterdessen waren meine Aktien bei TRENDS im Keller. Ich hatte meinem Chef deutlich zu verstehen gegeben, dass ich nicht bereit war, mein Leben lang in seinem Geschäft zu arbeiten. Offenbar hatte ihn das in seinem Stolz verletzt. Denn von da an nutzte er alle Methoden, mit denen unliebsame Mitarbeitende vergrault werden können. Ich sollte plötzlich die längsten Schichten übernehmen und wurde für die unbeliebtesten Jobs eingeteilt. Stundenlang musste ich in Lagerhallen stupide etikettieren, Waren verpacken und in weit entfernte Filialen fahren, Umkleidekabinen reinigen, wozu auch das Entsorgen vollgewichster Hosen gehörte. Man kann sich das nur schwer vorstellen, was Menschen in Umkleidekabinen so alles treiben (und will es vermutlich auch besser nicht …). Meine Urlaubsanträge wurden mit hanebüchenen Begründungen abgeschmettert oder auf unmögliche Zeiträume umverteilt. Im Nachhinein wünschte ich mir, ich hätte damals schon über die Courage und das gewerkschaftliche Know-how verfügt, das mir heutzutage zur Verfügung steht. Dann wäre vieles anders gelaufen.

Vor allem eine Sache wäre mir mit diesem Wissen nicht passiert: Niemals und unter keinen Umständen hätte ich mich dazu drängen lassen, selbst zu kündigen. Die Konsequenzen einer sogenannten Eigenkündigung waren mir zu diesem Zeitpunkt nicht bewusst. Sie hatte den unangenehmen Effekt, dass ich für Arbeitslosengeld erst nach ein paar Monaten infrage kam. Denn: Wer in unserem System aus freien Stücken seinen Job aufgibt, aus welchen Gründen auch immer, wird dafür vom Staat abgestraft. Das hätte ich mir denken können, wusste es aber zu diesem Zeitpunkt noch nicht. Hätte es meine Entscheidung beeinflusst? Vermutlich nicht. Vielleicht hätte ich meinen Chef mit Aufsässigkeit und fehlendem Arbeitseifer dazu bringen können, mich vor die Tür zu setzen. Das war und ist aber nicht mein Stil. Damals konnte ich es nicht erwarten, aus diesem Sauladen zu verschwinden und endlich mit meiner Abendschule zu beginnen.

Natürlich begannen in dem Moment, in dem ich mich an der Abendschule angemeldet und bei TRENDS gekündigt hatte, die üblichen Selbstzweifel. Ich hatte eine Heidenangst. Würde ich es schaffen? Bin ich nicht zu dumm dazu? Würde ich wieder der einzige schwerhörige Schüler sein? Wie würde man auf meine Hörschädigung reagieren? Fragen und Zweifel, meine ständigen Begleiter. Ich hatte sie fast schon ein wenig vermisst. Aber Ute tat ihr Bestes, um sie mir wieder in Erinnerung zu rufen.

Ute war für mich das menschgewordene Symbol deutscher Bürokratie. Ich traf sie in der Agentur für Arbeit. Natürlich hieß sie nicht wirklich Ute, aber der Name hätte sehr gut zu ihr gepasst. Ich war dort vorstellig geworden, um mich über die staatlichen Förderungsmöglichkeiten zu unterhalten, die mir für meine Weiterbildung zustehen sollten. Informationen dazu hatte ich einem Infoflyer entnommen, der im Büro des Abendgymnasiums auslag.

Erleichtert hatte ich dort gelesen, dass die Chancen gut standen, dass ich nach zwei Jahren Schulbesuch BAföG erhalten könnte, und zwar unabhängig von der finanziellen Situation meiner Eltern. Letzteres war mir besonders wichtig. Schnell entwickelte ich einen Plan: Ich würde Arbeitslosengeld beantragen für die hoffentlich kurze Zeit, die nötig sein würde, um einen neuen Job zu finden, der sich mit meinen Zeiten an der Abendschule vereinbaren ließ. Probleme sah ich da keine. Warum auch? Schließlich hatte ich seit meinem fünfzehnten Lebensjahr mit einigen Unterbrechungen verschiedene Jobs gehabt und immer brav in die Sozialversicherungen eingezahlt. Also sollte es doch sicherlich möglich sein, drei, vier Monate vom Staat alimentiert zu werden. Dieser Zeitraum würde mir wohl reichen, eine neue Arbeit zu finden. Niemand würde meckern. In meinen Augen: eine Formalität.

Ich hatte die Rechnung eindeutig ohne Ute, meine Sachbearbeiterin, gemacht. Sie thronte hinter einem massiven beige gefärbten Schreibtisch und hatte andere Pläne für mich. Links von ihr stapelten sich Aktenberge, vermutlich von Fällen mit ähnlichen Schicksalen wie meinem. In Utes Rücken befand sich der obligatorische Aktenschrank, dekoriert mit den handelsüblichen Sinnsprüchen: »Der frühe Vogel kann den Wurm gerne haben. Ich nehme den Kaffee.« Oder: »Der Kaffee ist kaputt, ich bin immer noch müde.« Bürohumor, den man wahrscheinlich in allen deutschen Behörden findet. Aber müde war Ute nicht. Im Gegenteil: Fast schon heiter tackerte sie meine Akte zusammen und wuchtete sie zu den restlichen Unterlagen. Währenddessen erklärte sie mir fröhlich, dass mein Bildungsaufstieg nicht gefördert werden würde. Jedenfalls nicht von ihr und dem Amt, das sie repräsentierte. Laut Ute stand mir jetzt nur Arbeitslosengeld II zu, also klassisches Hartz IV. Ob sie mir wenigstens dabei helfen könne, etwas früher BAföG zu bekommen und nicht erst in zwei Jahren? Da gluckste die Dame, wie es nur Utes können, und antwortete: »Nein. Dafür bin ich leider nicht zuständig.«

Im Laufe des Gesprächs verstand ich dann endlich, was Ute in Wirklichkeit über mich dachte. Während ich klar gesagt hatte, dass ich in den Branchen, in denen ich mich bisher beruflich herumgetrieben hatte, eher unglücklich war und eine nachhaltige Veränderung vornehmen wollte, die meine Chancen auf dem Arbeitsmarkt langfristig hoffentlich deutlich erhöhten, fand Ute, ich solle eigentlich ganz zufrieden sein mit dem bisherigen Verlauf meines Berufslebens. Sie war der Meinung, dass es für Menschen mit meiner Behinderung schon schwer genug sei, einen Arbeitsplatz zu finden. Da solle ich ruhig mal etwas dankbarer sein.

Alles klar, Ute, ich fröne dann einfach weiter meinem prekären, unterqualifizierten Dasein und lasse einfach alle Hoffnungen und Träume auf einen Bildungsaufstieg fahren, dachte ich zynisch.

Ich kannte das schon, Menschen wie Ute und ihre Kolleg:innen konnten mich nur kurzfristig aus der Fassung bringen. Nicht nur, dass meine Hautfarbe oftmals ein Problem war, auch meine Schwerbehinderung schien viele Menschen auf unangenehme Weise zu beschäftigen. Mit offenen rassistischen oder ableistischen Angriffen kam ich schon immer ziemlich gut zurecht. Was mich aber immer wieder bis ins Knochenmark erschütterte, waren diese Angriffe, die ganz subtil unter dem Deckmantel der wohlwollenden Rücksicht gefahren wurden. Nichts konnte mich so sehr aus dem Gleichgewicht bringen wie die Tatsache, dass mir bestimmte Fähigkeiten abgesprochen wurden, weil ich als Schwarzer behinderter Mann ja sicher mit den Aufgaben überfordert sei. Der Subtest lautet dann immer: »Es ist nur zu Ihrem Besten, Orry!« Dermaßen unterschätzt zu werden, immer wieder aufs Neue, ist entwürdigend und demoralisierend. Man schüttelt es nicht so leicht aus den Kleidern, wenn das Gegenüber anfängt, in Zeitlupe und besonders akzentuiert zu sprechen, als sei ich der deutschen Sprache nicht mächtig und obendrein auch noch ein wenig langsam in der

Birne. Und das, obwohl man vorab einfach nur drum gebeten hat, etwas lauter zu sprechen, weil: »Schauen Sie, es liegt eine Hörbehinderung vor.« Richtig mühsam wird es dann, wenn man dieses Verhalten nun auch noch thematisiert und sein Gegenüber wissen lässt, dass und warum er sich gerade rassistisch, ableistisch oder übergriffig verhält. Auf Einsicht darf man da in den meisten Fällen nicht zählen. Eher auf den Hinweis, man solle nicht so empfindlich sein, man meine es doch gut. Oder im Fall von Ute: dass man halt besser bei seinen Leisten bleibe wie ein braver Schuster.

5
Tour de Cologne

»Every moment happens twice: inside and outside, and they are two different histories.«

Zadie Smith

Drei Monate keine Kohle. In dieser Hinsicht hatte Ute mir keinen Interpretationsspielraum gelassen. Die Agentur für Arbeit war nicht bereit, meine in ihren Augen so leichtsinnige wie überflüssige Kündigung auch noch durch Überbrückungsgelder zu unterstützen. Wäre ich mal brav bei meinem Job geblieben. Froh sein solle ich mit meiner Behinderung, überhaupt eine so gute Arbeit gehabt zu haben, hatte mich Ute – nicht mal durch die Blume – wissen lassen. Oder wäre mir wenigstens von meinem Chef gekündigt worden, dann sähe die Sache auch schon anders aus. So aber schütte der Gesetzgeber erst nach dem dritten Monat Arbeitslosenhilfe aus. *That's the law, my friend.*

Wie aber sollte ich die nächsten Wochen ohne Geld über die Runden kommen? Meine Einkünfte in dem schlimmen Jahr bei TRENDS waren nie so üppig gewesen, dass ich viel zur Seite legen konnte. Meine fixen Kosten liefen weiter, ein Lottogewinn war nicht in Sicht. Eine Lösung musste her, die mir schnell Geld garantierte – natürlich ohne dass ich dabei mit dem Gesetz in Konflikt geriet.

Wir sprechen über den Beginn des Jahres 2016. In letzter Zeit war in deutschen Großstädten ein neues Phänomen aufgetaucht: Onlinelieferdienste wie *Foodora* oder *Deliveroo* hatten Fahrradkuriere angestellt, die mit würfelförmig-klobigen Rucksäcken die Straßen der deutschen Metropolen unsicher machten. Das Geschäftsmodell der Lieferdienste war schlicht und ambitioniert zugleich: Die »Rider« bringen per App bestelltes Essen von Restaurants zum hungrigen Kunden nach Hause oder in die Firma. Und das möglichst schnell, schnell, schnell. Die Bringdienste übernehmen die gesamte Bestelllogistik für die Restaurants, von der digitalen Speisekarte über den Auftragseingang via App bis hin zur blitzschnellen Auslieferung beim Kunden. Bis zu 30 Prozent Provision strichen sie dafür von den Restaurants ein, kein schlechter Schnitt. Und ein gutes Geschäft offenbar. Angeblich, so besagen es Zahlen in der Wirtschaftspresse aus dieser Zeit, habe allein *Foodora* das Auftragsvolumen ab April 2015 alle zwei Monate verdoppelt. Über 2000 Restaurants seien bereits zwei Jahre nach Gründung des Start-ups in neunzehn deutschen Städten mit an Bord gewesen. Eine Erfolgsgeschichte. Die Start-ups und die teilnehmenden Restaurants – einige von ihnen hatten binnen kurzer Zeit bereits deutliche Umsatzsteigerungen von bis zu 1000 Euro im Monat registriert – profitierten nachweislich von diesem neuen Geschäftskonzept. Wie aber sah es für die Fahrer aus, die sich für *Foodora* oder *Deliveroo* in den Sattel schwangen?

Ich sollte es eher früher als später erfahren. Als Rider bei einem solchen Lieferdienst einzusteigen, war meine Lösung gewesen, um meine heikle finanzielle Einkommenslücke zu überbrücken. Wählerisch bei der Jobauswahl zu sein, war ein Privileg, das ich mir in meiner Situation nicht leisten konnte. Und wer weiß, vielleicht entwickelte sich dieser auf den ersten Blick so kuriose Job auf dem Fahrrad sogar so gut, dass ich mein Jahr auf dem Abendgymnasium locker davon finanzieren und sogar noch etwas Spaß daran hatte. Das hoffte ich jedenfalls, als ich mich im Januar 2016 im Kölner Büro von *Foodora* vorstellte.

Nach meinem ersten telefonischen Kontakt mit der neuen Firma erhielt ich schon bald darauf eine Mail.

»Wir freuen uns, dass Du Dich für eine Stelle als Fahrer bei foodora interessierst! Als Mitglied der foodora-Fahrer-Community wirst Du vielen neuen Leuten in Köln begegnen, sie mit dem besten Essen der Stadt versorgen, sportlich fit bleiben und gleichzeitig noch Geld verdienen. Daher hoffen wir, dass Du Dich genauso wie wir auf Deine ersten Lieferungen freust!
Bei uns im Büro findet regelmäßig ein Onboarding für Fahrer statt. Dabei handelt es sich um eine unverbindliche Veranstaltung, in der Du alle Infos rund um foodora und den Job als Fahrer bekommst. Hier können auch alle Deine offenen Fragen geklärt werden. Bitte bestätige uns kurz den telefonisch vereinbarten Termin.
5 Jan 2016, 5:00 pm
Wenn Du uns nicht direkt findest, ruf einfach kurz durch.
Falls Du noch weitere Infos zu foodora benötigst, besuche uns gerne jederzeit auf www.foodora.de oder melde Dich bei uns per Mail an.
Wir freuen uns auf Dich!«

Tja, die Freude war ganz auf meiner Seite.

Zum vereinbarten Zeitpunkt stand ich vor dem Eingang des *Foodora*-Office. Hinter mir rasten Autos vorbei, ihr stetes Hupen verband sich mit dem schrillen Bimmeln der Straßenbahnen zu diesem typischen Sound, den ich unter Tausenden heraushören würde. Heimatgefühle … Die vergingen mir allerdings recht schnell, als ich die großzügig geschnittene Altbauwohnung betrat, die offenbar von ein paar Yuppies mit der Sehnsucht nach einem nie endenden Studentenleben bevölkert wurde. Sah das hier nach einem echten Büro aus? Ich würde sagen: nicht mal nach Start-up-Maßstäben. Lässig ungeordnet im riesigen Raum verteilten sich teure Sessel, Sofas und derbe Holztische, an denen sich die Mitarbeitenden auf MacBooks austobten. Sogar eine Hängematte baumelte mehrfarbig von der Decke hinunter. Eine Hängematte? Wenn da nicht die ganzen *Foodora*-Boxen gewesen wären, die man wie eine Pop-Pappskulptur an einer Wand aufeinandergestapelt hatte, wäre ich im Leben nicht darauf gekommen, am richtigen Ort zu sein. Zumal mich keiner der Anwesenden beachtete. Es dauerte rund dreißig Sekunden, in denen ich verloren in diesem bunten Panoptikum aus IKEA-Bällebad und Großraumbüro herumstand, bevor ich all meinen Mut zusammennahm und unbestimmt in den Raum hinein fragte:

»Bin ich hier richtig bei Foodora?«

Schon allein, dass es hier nicht wie in einem konventionellen Büro aussah, verunsicherte mich. Und erst diese Leute. Ich versuchte aufgeschnappte Satzfetzen zu einem sinnvollen Ganzen zu verbinden, aber es gelang mir nicht. Werbersprech gemixt mit Fachtermini wie »Supply Chain«, »Gross Domestic Product« oder »Unique Selling Point« wurden wie kleine Blitze durch den Raum geschleudert, offenbar war hier ein Kampf um Macht und Distinktion im Gange, von dem ich nichts verstand.

»Bin ich hier richtig bei Foodora?«, fragte ich noch mal, diesmal laut und deutlich – und war damit erfolgreich.

Man bestätigte meinen Verdacht, an der richtigen Adresse gelandet zu sein, und verwies mich an einen sogenannten Standortmanager, der in einem Einzelzimmer am Ende eines langen Ganges residierte. Ich weiß nicht, wie man sich normalerweise einen Standortmanager eines Start-ups vorstellte. Anders vermutlich als einen Amtsvorsteher im Finanzamt. Aber gleich so viel anders?

Der junge Mann, nennen wir ihn Justus, war vielleicht einundzwanzig oder zweiundzwanzig Jahre alt und hatte in der letzten Stunde entweder einen Zehnerpack Energydrinks in sich hineingekippt oder war ein Fan von stimmungsaufhellenden Substanzen chemischer Natur. Anders konnte ich mir seine gute Laune und sein Sprechtempo nicht erklären. Justus sah aus, wie man sich einen BWL-Studenten im höheren Semester vorstellt. Blond, kristallblaue Augen und gekleidet im berühmten Steve-Jobs-Look: 501er-Levi's-Jeans, schwarzer Rollkragenpullover und New-Balance-Sneaker. Vermutlich hoffte er, mit der Garderobe auch den grandiosen unternehmerischen Geist des Apple-Vordenkers zu übernehmen. Das dazu notwendige Selbstbewusstsein hatte der offenbar in der privilegierten Leichtigkeit einer Privatschule aufgewachsene Standortoffizier jedenfalls jetzt schon. Er hielt mir gleich einen Impulsvortrag über die Besonderheiten der »pinken Familie von *Foodora*« (die Farben der Marke!), über die innovative Betriebskultur, die jungen Kreativen in seinem Riderportfolio und die goldenen Zeiten, die mir als *Foodora*-Fahrer bevorständen.

Nebenbei bombardierte er mich mit Fragen. Ob ich schon ein fahrtaugliches Fahrrad habe, wie gut ich mich in Köln auskenne und ob ich körperlich fit sei. Weil man ja nicht genug betonen könne, wie körperlich anspruchsvoll der Job war. Er wollte das ausdrücklich als gute Nachricht verstanden wissen.

»Du darfst das nicht als Arbeit betrachten«, klärt er mich auf, »unsere Fahrer:innen werden ja im Grunde dafür bezahlt, Sport zu machen. Den geilen Summerbody gibt's dabei quasi noch obendrauf.«

Eigentlich hätte ich schnell weglaufen sollen, als ich diese Informationen von Justus bekam. Schon damals hatte ich im Gefühl, dass mir hier, in diesem seltsamen Nicht-Büro, ein beschissener Job so verkauft wurde, als wäre er vergoldet. Und trotzdem: Ich konnte in meiner Situation nicht wählerisch bei der Jobauswahl sein.

Nachdem ich Justus all seine Fragen zu meiner körperlichen und geistigen Gesundheit beantwortet hatte, wollte ich so schnell wie möglich loslegen.

»Und wie geht das jetzt weiter? Wirst du vorher noch mein Fahrrad inspizieren?«, frage ich meinen künftigen Chef, um mögliche Probleme sofort aus dem Weg zu räumen. Lachend winkte Justus ab.

»Natürlich nicht, ich kann gerade mal zwischen 'nem Zweirad und 'nem Dreirad unterscheiden.« Er vertraue mir da schon, immerhin sähe ich ja sehr korrekt aus, ich würde schon keinen Bockmist bauen.

Er selbst sei nur hier, um ein bisschen Zahlen zu schubsen und dafür zu sorgen, dass alle zufrieden seien. Dabei zwinkerte er mir kumpelhaft zu. Ich konnte mich gerade noch bremsen, meine Gedanken in diesem Moment laut auszusprechen: Eigentlich würde es mich brennend interessieren, wie es mit Justus' Selbstbild zu vereinbaren ist, dass er am Standort Köln für die Gesundheit von Hunderten von Fahrern verantwortlich ist, er aber keine Ahnung von Rädern und deren potenziellen Sicherheitslücken hat.

Derweil schob mich der Standortmanager wieder sanft aus seinem Büro. Ob ich noch weitere Fragen hätte. Ich zuckte mit den Schultern. Hunderte. Aber dazu war jetzt offenbar keine Zeit mehr, denn meine Antwort wartete Justus gar nicht erst ab.

»Das ist ja wunderbar«, sagt er, »dann musst du nur noch schnell deine Personaldaten bestätigen und eine App runterladen. Danach könntest du theoretisch schon deine ersten Fahrten machen, wenn dir danach ist. Da draußen warten schließlich hungrige Kunden, so weit das Auge reicht, und wir haben viel zu wenige krasse geile Fahrer.«

Seinen Ausführungen folgt ein kurzes Lachen.

Meinen Hinweis, dass ich doch noch gar keinen Vertrag unterschrieben hätte, wie ich denn dann schon arbeiten dürfe, bügelt er ebenso kurz mit einer energischen Handbewegung ab wie meine Frage, ob ich mit einem Zwanzig-Stunden-Teilzeitvertrag auch mal mehr als zwanzig Stunden arbeiten könne, wenn sich das ergibt.

»Mein Guter, mach dir keinen Kopf. Du bekommst das alles per Mail geschickt. Ich regele das schnell und unkompliziert. Deine einzige Aufgabe wird sein, die Papiere zu unterschreiben, und fertig. Kurz und schmerzlos.«

So weit, so schräg.

Justus immerhin hielt Wort. Schon eine Stunde später ploppte eine Mail in meinem Account auf.

»Lieber Orry,
vielen Dank für Deinen Besuch in unserem Büro und das gute Gespräch.
Wie besprochen würden wir Dir gerne einen Vertrag als Fahrer bei foodora in Köln anbieten. Im Rahmen dieses Vertrages solltest Du 15–20 Stunden pro Woche arbeiten

können, der Stundenlohn beträgt 9 EUR bzw. 10 EUR an den Wochenenden (ab FR 17 Uhr).

Zudem erhältst Du 20 Tage bezahlten Urlaub pro Jahr. [...]
Bitte hinterlege Deinen Personalfragebogen und mach Dich mit unseren Schichten vertraut. Ab sofort kannst Du Dich auf die Schichten, zu denen Du Lust und Zeit hast, bewerben.
Vor Deiner ersten Schicht kommst Du bitte bei uns im Büro vorbei und bringst folgende Dinge mit:
1. den unterschriebenen Vertrag (ggf. die Befreiung von der Rentenversicherung)
2. das Pfand von 50 € für die Box
3. Dein fahrtaugliches Fahrrad mit Gepäckträger

Lass uns doch kurz telefonisch vereinbaren, wann Du bei uns vorbeikommst.
Wir freuen uns auf Deinen ersten Tag bei foodora!«

Mit dem gebührenden Abstand ist es mir ein wenig peinlich zuzugeben, dass ich mich in Sekundenschnelle bei Justus zurückmeldete. Ich müsse *gaaaanz dringend* am selben Nachmittag noch eine Schicht fahren, ließ ich ihn am Telefon wissen, ob ich nicht heute noch vorbeikommen und die Box sowie meine Firmenklamotten abholen könne. Mag sein, dass ich dabei ein wenig zu euphorisch geklungen habe, aber die Aussicht, schon sehr bald mit dem Geldverdienen anfangen zu dürfen, versetzte mich in helle Aufregung. Okay, das ist noch untertrieben: Ich war verzweifelt, lost und brauchte das Geld. Und Justus ließ sich nicht zweimal bitten.

»Komm vorbei, ich weise dich ein und beantworte alle deine Fragen, falls es noch welche gibt!«

Kaum hatte er den Satz ausgesprochen, schwang ich mich aufs Fahrrad. Das Rad lieh mir mein Vater, weil ich so ziemlich jedes eigene Rad, das ich bisher besaß, geschrottet hatte. Dass mein Vater mir seins nun überließ, war ein Vertrauensbeweis, für den ich ihm sehr dankbar war.

Jeden Tag fuhr er etliche Kilometer mit seinem Rad zur Arbeit und wieder zurück. Und ich meine wirklich *jeden* Tag. Es gab kein Wetter, das ihn abhalten konnte. Regen? Pah. Tornado? Dann halt eine andere Strecke. Glatteis? Einfach Reifen auswechseln, wo ist das Problem? Auch meine Mutter war eine begeisterte Radfahrerin. Möglicherweise verkläre ich das alles ein wenig. Aber in meiner Erinnerung fuhren meine Eltern mit ihren schweren Stahlrädern und einem auf dem Vorderreifen befestigten Gepäckträger regelmäßig auf verschiedene Flohmärkte in Köln. Dort verkauften sie restaurierte Playmobil-Figuren oder Klamotten, jedes Wochenende von Neuem. Sie liebten diese gemeinsamen Momente der Freiheit, die sie sich mit ihren Rädern ermöglichten. Es war ein bescheidener Luxus, klar, aber es war ihre persönliche Qualitytime. Und jetzt durfte ich dieses legendäre Stahlrad meines Vaters fahren, an dem so viel Familiengeschichte und so viele gemeinsame Erlebnisse hingen. Allerdings war das Ding schwer, in jeder Hinsicht. Ich nahm mir vor, es pfleglich zu behandeln, auch weil ich in nächster Zeit darauf angewiesen sein würde.

Zurück im *Foodora*-Büro, stellte Justus mir zwei seiner Kollegen vor, die sich selbst »Dispatcher« nannten. Was das genau sei, wollte ich von Justus wissen, doch der zeigte nur kurz auf die Uhr.

»Zeit ist Geld«, wehrte er meine Frage ab.

Dann schob er mich in einen anderen Raum, in dem stapelweise leere Pizzaschachteln herumlagen und das augenscheinlich das Zimmer für *Onboarding-Audienzen* seiner neuen Mitarbeitenden war. Das Aroma brettharter Energydrinks waberte in der Luft. Justus wies mich auf die klobigen pinken Kästen hin, die offiziell als Lieferbox bezeichnet wurden und, einmal auf dem Rücken befestigt, jeden seiner Träger auf der Stelle zu einem kastigen Bernd das Brot erniedrigten.

»Damit kannst du ab sofort die Straßen von Köln erobern«, sprach Justus, »und such dir noch ein paar Klamotten aus.«

Großzügig wies er auf schmuddelige Pappkartons mit T-Shirts und Regenjacken. Während ich ein paar Kleidungsstücke aus der Grabbelkiste fischte, setzte Justus seinen Monolog fort. Ich erinnerte mich: Zeit ist Geld.

»Also das Ganze ist kein Hexenwerk. Du hast ja bereits unsere App runtergeladen? Und dein Handy ist aufgeladen, ja?«

So weit richtig, bestätigte ich.

»Sehr gut. Ich habe auch schon gesehen, dass du dich für eine Schicht eingetragen hast, du Maschine, das find ich sehr nice. Wenn du weiterhin so Bock auf uns hast und krass performst, dann wirst du locker verlängert.«

Mir fiel sofort auf, dass seine Worte mich zwar motivieren und einen positiven Eindruck hinterlassen sollten, unterschwellig aber bedrohlich klangen. Subtext: Wenn du dir für neun Euro die Stunde den Arsch aufreißt, Orry, dann hast du hier eine Zukunft. Wenn nicht, dann halt nicht …

Ich nickte nur und fragte: »Und wie geht's weiter?«

Justus verlor kurz den Faden, fing sich aber schnell wieder.

»Ah ja genau, also Folgendes: In unserem wunderschönen Köln gibt es verschiedene Startpunkte, die sogenannten Log-in-Points. Zu einem von denen fährst du zu Beginn jeder Schicht und meldest dich an. Nur dann – und wirklich nur dann – kannst du dich in die App eintragen und deine erste Bestellung erhalten.« Ich nickte wieder. Klar so weit. »Dein Startpunkt wird heute der

Rudolfplatz sein. Hinfahren, in die App einloggen, entspannt auf deine erste Order warten«, schnarrte Justus atemlos und immer noch in einem wahnsinnigen Sprechtempo. Mir blieb nichts anderes übrig, als ein drittes Mal zu nicken. »Sehr schön, dann mal los.«

Immerhin zeigte er nicht schon wieder auf seine Uhr. Ich schnappte mir meine »neuen« Klamotten und hoffte, dass ich intuitiv die richtigen Größen erwischt hatte. Zeit, sich etwas sorgfältiger mit derartigen Banalitäten zu beschäftigen, ließ Justus mir nicht. Konnte ihm ja schließlich auch egal sein, wie ich in den nächsten Monaten auf freier Wildbahn herumlief. Ich hatte Glück. Der pinke *Foodora*-Kram war nicht schön, aber er passte. Onboarding abgeschlossen. Ich war offiziell ein Rider. Und hatte keine Ahnung, dass der angenehme Teil des Tages schon hinter mir lag.

6
Big Brother

»Es gibt kein richtiges Leben im falschen.«

Theodor W. Adorno

Mein allererster Auftrag als *Foodora*-Rider endete mit dem bereits beschriebenen Fiasko: Rudolfplatz, indisches Restaurant, die Start-up-Kasper aus dem Finanzsektor, der erniedrigende Moment, als ich auf den Knien Essenreste aufsammeln musste wie ein geprügelter Hund. Und das war erst der Anfang. Doch egal, wie man es drehte und wendete: Ich konnte nicht einfach das Handtuch werfen, nicht nach meiner ersten Fahrt. Zu diesem Zeitpunkt musste ich meine misslungene Premiere trotzig abschütteln und weitermachen, als ob nichts passiert sei. Weitermachen mit einem Job, der in vielerlei Hinsicht für alle, die auf ihn angewiesen waren, eine Menge Zumutungen, Angriffe und Respektlosigkeiten bereithielt. Und ich *gehörte* zu den Menschen, die auf ihn angewiesen waren. Denn bei der

Finanzierung meines Abiturs war ich auf mich allein gestellt und den Umständen gewissermaßen ausgeliefert. Kein soziales Netz fing mich auf, sollte mir das Geld ausgehen. Ich verstand deutlicher als je zuvor, dass wir alle in einer Gesellschaft lebten, in der der soziale Hintergrund eine größere Rolle spielte als Wille, Fleiß und Kompetenz allein. Auch wenn jetzt die Jünger der freien Marktwirtschaft etwas anderes behaupten würden.

Damals konnte ich die Gründe für mein Gefühl der Ohnmacht und dieser gewissen Hilflosigkeit, die mich gleichzeitig wütend und gefügig machte, nicht richtig in Worte fassen. Erst mit der Zeit entwickelte ich mühsam ein Verständnis dafür. Unsere Gesellschaft ist strukturiert nach Klassen oder sozialen Milieus, die unsere Startchancen für ein gutes, unabhängiges Leben beeinflussen. Nicht deine Intelligenz, dein Fleiß oder deine Ziele sind maßgeblich dafür, dass du die bestmögliche Ausbildung erhältst oder auf dem Arbeitsmarkt die Chancen, die du möglicherweise verdienst. Es ist deine Herkunft, deine »Kaste«, die darüber entscheidet, auf welchem Pfad sich dein Leben vor dir ausbreitet. Die vielleicht größte Ungerechtigkeit auf der Welt ist die Geburtenlotterie. Nur durch reinen Zufall entscheidet sich, wer auf ein sorgenfreies Leben schaut und wer später möglicherweise im Elend versuchen muss zu überleben. Das gute alte »Sperma-Bingo« hat das mal ein Freund von mir genannt. Nicht witzig, weiß ich. Menschen aus Arbeiter:innenfamilien haben deutlich eingeschränktere Chancen auf dem Bildungssektor und später auf dem Arbeitsmarkt als jemand, der in eine Akademiker:innenfamilie hineingeboren wird. Es wäre zu schön, wenn das nur eine abstrakte These wäre, die ich hier mal geschmeidig in den Raum werfe. Aber die Fakten sprechen eine harte, klare und nüchterne Sprache. Diese extreme Schieflage existiert, vielfach in Untersuchungen bewiesen.

Und Bildung ist nun mal ein starker Multiplikator für den Aufstieg in ein besseres Leben. Geschichten wie meine eigene lassen sich in unserer Gesellschaft ohne großen Rechercheaufwand zuhauf finden. Wir reden hier über Menschen, die in der Systemgastronomie, im Einzelhandel, in der Fleischereibranche, in der Wanderarbeit oder in der Reinigungsbranche gelandet sind und trotz ihrer harten Arbeitsbedingungen am Monatsende mit ihrem Lohn kaum über die Runden kommen. Die prekär leben und trotz eines Vollzeitjobs ihr Gehalt über das sogenannte Bürgergeld aufstocken müssen. Und selbst dann reicht das Geld häufig gerade mal für ihr Existenzminimum. Als Rider befand ich mich genau in dieser Situation. Dabei hatte ich damals ja sogar noch *Glück*, wenn dieser leicht zynische Euphemismus hier angebracht ist. Ich musste ja quasi nur mich selbst über die Runden bringen. Wäre ich für mehr als nur mich selbst verantwortlich gewesen, vielleicht sogar für eine Familie und Kinder, hätte ich mir die Frage nach einem möglichen Bildungsaufstieg überhaupt nicht stellen können. Wie unheimlich schwer muss sich dieser Aufstiegswunsch für Alleinerziehende, sozial und familiär isolierte Menschen ohne Auffangbecken oder Betroffene mit heikler Migrationsgeschichte anfühlen? Die Gefahr, dass sie wie ich im Niedriglohnsektor landen und im Gegensatz zu mir aber dort auch blieben, ist riesengroß. Eine Befürchtung, die von den aktuellen Zahlen des Deutschen Gewerkschaftsbundes gedeckt wird: 32,22 Prozent aller ausländischen Vollzeitbeschäftigten tummeln sich im Niedriglohnsektor, während es bei den »deutschen« Vollbeschäftigten nur einen Anteil von 13,6 Prozent betrifft.

Das Wissen darum, dass mein Job als Rider zeitlich begrenzt und damit überschaubar sein würde, hielt mich von Beginn an mental über Wasser. Zumindest galt das für die administrativen und fremdbestimmten Umstände meines Arbeitsalltags. Das Radfahren an der frischen Luft selbst war schließlich gar nicht so übel, muss ich zugeben. Das hatte ich schon immer gemocht. Und mit der Zeit verstand ich auch, dass solche Katastrophen wie mein verkorkster Premierenauftrag nicht die Norm waren. Manchmal machten die Tage auf dem Rad auch richtig Spaß.

Schon bald hatte ich meinen Alltag routiniert geordnet, sodass Job und Schule systematisch miteinander vereinbart werden konnten. Meine Tage begannen in der Regel ähnlich. Früh aufstehen, duschen, schnell und knapp frühstücken. Um spätestens 8.15 Uhr hieß es dann »Radkontrolle«. Das musste sein, wenn ich als Rider in der Stadt gut und vor allem schnell über die Runden kommen wollte. Mein Arbeitgeber setzte voraus, dass das Material – mein Fahrrad – in einem korrekten Zustand war, damit ich nicht mitten im Auftrag ausfiel, nur weil meine Kette hinüber oder der Reifen platt gefahren war. Oder wie Justus es genannt hatte: Zeit ist Geld. Darum liefen meine Vorbereitungen jeden Morgen gleich ab: Kette ölen, Reifen aufpumpen, Bremsen checken. Falls nötig Reifen wechseln, Schutzblech austauschen oder verbogene Radspeichen fixen. Selbst mit einer gewissen Routine dauerte diese Prozedur in der Regel zwischen dreißig und fünfundvierzig Minuten. Unentgeltlich natürlich. Und klar – mein Rad und alles, was ich zu seiner Instandhaltung benötigte, musste ich selbst bezahlen.

Gegen 9.30 Uhr trat ich meine Schicht an. An einem der Startpunkte, die mir beim Onboarding genannt wurden, loggte ich mich in die App ein und begab mich in die Lieferhölle. So nannten wir Rider das Universum, in das wir uns tagein, tagaus wagten. Gegen 17 Uhr war Feierabend für mich. Das hieß, wenn es gut lief und nicht in letzter Minute doch noch mal die App lärmte.

Wenn das Smartphone klingelt, heißt das, ein Auftrag kommt rein. Nimmst du den Auftrag an? Klar. Du willst ja arbeiten und Geld verdienen, bestätigst also in der App, dass du bereit bist. Nächster

Schritt: Die Adresse des Restaurants ploppt auf, in dem du das Essen abholen sollst. Theoretisch könntest du jetzt noch ablehnen und die Fahrt an einen Kollegen abgeben, der sich im Moment näher am Restaurant befindet. Machst du aber nicht, weil du weißt, dass der Algorithmus dich recht schnell abstrafen könnte und dir womöglich zukünftig noch unangenehmere, weiter entfernte Touren anbieten könnte. Du hast ohnehin keine Zeit, lange über dein Ziel und die Verkehrslage nachzudenken, weil die Zeitvorgabe bis zur Ankunft im Restaurant wie immer knackig ist. Dort angekommen, wird dir im besten Fall das bereits fertig gekochte Essen ausgehändigt. Im Normalfall musst du aber darauf ein wenig warten, du bist schließlich nicht der Einzige, der hier Speisen und Getränke für koch- oder lauffaule Kunden abholt. Ab dem Moment, in dem du das Essen transportsicher in der Box verstaut hast, meldest du dich beim Dispatcher zurück und bestätigst den Empfang der Ware. Erst jetzt erhältst du die Adresse des Kunden und die Zeitvorgabe, wann du bei ihm liefern solltest. Warum erst jetzt und nicht schon am Anfang des Auftrags? Weil du als Rider gar nicht erst darüber nachdenken sollst, ob dir der Weg vom Restaurant zum Kunden nicht vielleicht zu weit und zu mühselig ist. Am Ende kommst du noch auf die Idee, den Auftrag abzulehnen … Mit dem Essen in deiner Box hast du wirklich keine Wahl mehr, selbst wenn dein Weg dich jetzt mitten durch den Feierabendverkehr, vielleicht sogar bis ans andere Ende der Stadt führen sollte. Also los geht's zum Kunden.

Viel Spielraum zwischen Feierabend und dem Beginn der Abendschule gab es für mich nicht. Schon um 17.30 Uhr begann mein Unterricht. Und da wollte ich schließlich auch nicht sitzen, ohne mich vorher wenigstens kurz frisch gemacht zu haben. Der Unterricht dauerte bis ungefähr 22 Uhr. Damit war's aber nicht getan.

Zu Hause musste ich den Stoff vertiefen, den wir an diesem Tag gelernt hatten, und nacharbeiten, was nicht im ersten Versuch hängen geblieben war. Gegen ein Uhr nachts war ich in der Regel damit durch und hätte mich theoretisch meinem Freizeitvergnügen hingeben können. Sehr theoretisch. Meistens fiel ich todmüde ins Bett. Bis am nächsten frühen, sehr frühen, Morgen wieder der Wecker klingelte und alles wieder von vorne begann. Täglich grüßte das Murmeltier. Es war leider nicht halb so amüsant wie die gleichnamige Komödie mit Bill Murray. Lange Jahre hätte ich diese Dauerbelastung sicher nicht ertragen können. Nur Arbeit und Lernen, kaum Erholung. Schule war immer von Montag bis Freitag, Arbeitsschichten fuhr ich theoretisch an allen Wochentagen zwischen Montag und Sonntag. Natürlich gab es Schulferien. Aber davon merkte ich nicht viel. Vielmehr nutzte ich sie, um mehr Schichten zu fahren und zusätzliches Geld zu verdienen. Ein bisschen so, wie Studierende es in ihren Semesterferien taten: die vorlesungsfreie Zeit nutzen, um das Konto für schlechte Tage aufzufüllen. Allerdings war meine Ausbeute bei dem Stundenlohn und den anfallenden Kosten für mein Equipment auch in diesen Zeiten überschaubar. Spätestens, wenn ich BAföG beantragen könne und der ökonomische Druck nicht mehr ganz so stark sei, so nahm ich es mir vor, würde ich weniger Schichten übernehmen und mich noch mehr auf die Schule und vor allem auf Erholung und mein Privatleben konzentrieren. Das wäre in zwei Jahren der Fall.

An schlechten Tagen biss ich die Zähne zusammen und funktionierte einfach. Ich würde gern behaupten, dass ich in diesen Momenten ganz bewusst umso intensiver an meine Träume dachte und mir das half, das harte Pensum leichter zu ertragen. Stimmt aber nicht. Dazu fehlte mir schlicht die Zeit. Ich agierte an diesen Tagen wie ein Roboter, der schlechte, anstrengende Phasen längst gewohnt und abgestumpft war. Natürlich half auch der Umstand, dass ich schon mit der Ansage sozialisiert worden war, dass nur harte Arbeit zum Ziel führt. Das war das Mantra meiner Familie und ist es irgendwie bis heute geblieben. Mit all ihren schönen und schlimmen Folgen.

Zu den Unverschämtheiten, die man uns Ridern zumutete, gehörte auch, dass wir ständig und überall in der Stadt getrackt wurden wie entlaufene Hunde. Klingt im ersten Moment vielleicht amüsant, war aber datenschutztechnisch mehr als fragwürdig und aus ethisch-moralischer Perspektive sogar ziemlich armselig. Die Überwachung diente der totalen Kontrolle der Firma über unsere Arbeitsabläufe. Das Tracking sollte helfen, uns noch effektiver, ergo: schneller zu machen. Aber wie behielt unser Arbeitgeber uns dermaßen genau im Auge? Mit der Hilfe von schwarzer Magie wie bei »Herr der Ringe« war da schließlich nichts zu machen, auch wenn ich sicher bin, dass Justus und seine Kolleg:innen auch noch schamlos zu diesem Mittel gegriffen hätten, wenn es eine Option gewesen wäre.

Nein, jeder von uns Ridern musste sich, sobald der Arbeitsvertrag unterschrieben war, die Firmen-App auf sein privates Handy laden. Das war Voraussetzung, um überhaupt Aufträge annehmen und abwickeln zu können. Wir hatten auch in dieser Hinsicht keine Wahl. Ablehnung war keine Option, der gesamte Workflow war völlig auf die Liefer-App zugeschnitten.

Der Umfang an Zugriffsberechtigungen, den die App einforderte, war extrem weitreichend. Kein Wunder, dass es sich so anfühlte, als würde man mit der Installation seine Seele an das Unternehmen verkaufen. Unsere Privatsphäre wurde nicht nur verletzt, sie wurde verstümmelt. Wir mussten explizit genehmigen, was diese App mit unseren Handys alles machen durfte: Echtzeittracking per GPS, bei dem die Positionen unseres Handys übermittelt wurden, immer und überall; die Einsicht in unsere privaten Kontaktdaten; die Überprüfung unseres Speicherplatzes auf dem Smartphone – offiziell, um sicherzustellen, dass es genug Kapazitäten gab, um die potenzielle Auftragsflut zu bewältigen, die uns theoretisch ja jede Minute bevorstehen konnte. Außerdem verlangte die App, dass auch der Zugriff auf private Fotos und Dateien freigegeben wurde, wann immer die Firma das für nötig hielt.

Ziemlich irre, dass wir uns auf all das eingelassen haben. Bei den meisten von uns war es schlichte Unwissenheit. Auch ich wusste in dieser Zeit noch nicht über Datenschutz und noch weniger über meine Rechte Bescheid, insofern war mir das alles herzlich latte, solange ich nur für den Laden fahren und Geld verdienen durfte. Selig sind die Unwissenden. Ich las mir nicht durch, was die App alles anrichten konnte, und drückte einfach auf »OK«. Seien wir ehrlich: Das passiert auch heute noch bei viel zu vielen Gelegenheiten. Kaum jemand liest sich das Kleingedruckte genau durch. Zudem hätten wir ohnehin in dieser Situation nicht viele Alternativen gehabt. Den App-Download auf mein eigentlich privates Smartphone verweigern? Dann wäre man raus aus dem Spiel gewesen. Und mittellos. Dann lieber ein gläsernes Handy …

Dass ich während meiner Jobs tatsächlich lückenlos beobachtet wurde, hätte ich mit der Zeit vergessen oder wenigstens verdrängen können. Es verfolgte mich ja niemand mit Sonnenbrille und Trenchcoat auf Schritt und Tritt oder schnitt ein Loch in die Zeitung, um mich besser beobachten zu können. Dank ihrer App konnte die Firma ihre Bespitzelung wesentlich subtiler angehen.

Ich war noch nicht so lange Rider, da erhielt ich eines schönen, heißen Tages während meiner Schicht einen Anruf auf meinem Handy. Unbekannte Nummer, Berliner Vorwahl. Ich machte gerade eine kleine Pause, nachdem ich drei Stunden lang bei brütender Hitze ununterbrochen Essen ausgeliefert hatte.

Pausen standen uns natürlich auch als Rider zu: mindestens dreißig Minuten bei einer Arbeitszeit von mehr als sechs und bis zu neun Stunden – so will es das deutsche Arbeitszeitgesetz, kurz ArbZG. Doch das Ganze gestaltete sich auch wegen des Kontrollwahns unseres Arbeitgebers komplizierter.

Zunächst einmal muss man wissen, dass wir als fest angestellte Rider nicht die Möglichkeit hatten, eine eingehende Order einfach abzulehnen. Wir mussten die Übernahme bestätigen, ja, aber wenn wir das nicht taten, bimmelte das Handy so lange, bis wir weichgekocht waren und den Auftrag doch annahmen. Eine kurze Verschnaufpause konnte man sich dadurch verschaffen, dass man dieses Klingeln einige endlos lange Minuten ertrug, bis die App schlussendlich doch verstummte und der Auftrag verschwand. Aber diese Ruhe hielt nur kurz an, nämlich genau so lange, bis der nächste Auftrag reinflatterte. Außerdem hatte es Konsequenzen, das Klingeln auf diese Weise auszusitzen. Denn unseren Arbeitgeber interessierte es nicht, ob eine Fahrt eventuell mal besonders anstrengend gewesen war und man ein paar Minuten benötigte, um neuen Atem zu schöpfen. Stattdessen war ihm wichtig, uns auf Trab zu halten. Einige Kollegen berichteten mir sogar von Abmahnungen, die mutmaßlich auf nicht angenommene Aufträge zurückzuführen waren.

Das größte Problem an dieser ganzen Pausensache war aber: Die App, die in der Regel sofort nach einem als erledigt markierten Auftrag wieder anfing zu klingeln, sah keine menschlichen Bedürfnisse vor. Es gab damals keinen eingebauten Mechanismus, um kurzfristig und unkompliziert anzugeben, dass man spontan auf die Toilette musste. Stattdessen prasselten die Aufträge an den meisten Tagen ungebremst und gnadenlos auf uns ein, einer nach dem anderen. Für jeden nicht angenommenen Auftrag, egal ob wir ihn verweigerten, weil wir nach einer besonders anstrengenden Fahrt kurz Luft holen mussten oder eben die Toilette besuchten, hatte man das Gefühl, sich rechtfertigen zu müssen. In der Situation dem Algorithmus gegenüber, aber vor allem bei unangenehmen Feedbackgesprächen, in denen man gezwungen war, Gründe für zum Teil Wochen zurückliegende nicht angenommene Aufträge zu nennen. Das macht etwas mit der Psyche, kann ich sagen.

Aber auch richtige Pausen wie die gesetzlich vorgeschriebenen, in denen uns kein Auftragsbimmeln stören sollte, in denen wir zum Beispiel etwas essen und uns hinsetzen konnten, konnten wir nicht eigenständig in die App eintragen. Darüber gestand uns unser Arbeitgeber offensichtlich keine Macht zu. Wie also damit umgehen, wenn wir eine richtige Pause einlegen wollten? Die App zwang uns dazu, uns offiziell auszuloggen. So richtig, als ob wir unsere Schicht frühzeitig beendeten, obwohl wir im Dienstplan eigentlich noch länger eingetragen waren. Man konnte das Flattern der einfliegenden Abmahnungen förmlich hören. Zwar war es möglich, sich nach der Pause wieder einzuloggen. Aber warum und mit welchen Konsequenzen für den Algorithmus und unsere Performance wir damals gezwungen wurden, ein vorzeitiges Schichtende einzuläuten, hat man uns Ridern nie transparent gemacht. Wie einfach wäre es gewesen, zum Beispiel einen offiziellen Pause-Button in der App zu installieren? Aber das schien schon zu viel Freiheit zu bedeuten.

Im Rahmen dieser undurchsichtigen – oder besser gesagt: kaum vorhandenen – Pausenregelungen blieb uns zum Beispiel an besonders heißen Tagen manchmal nichts anderes übrig, als eine Order im ersten Schritt anzunehmen und erst dann eine Verschnaufpause zu machen. Ich will nicht verschweigen, dass es einen weiteren Weg gab, einen Auftrag abzulehnen: Wir konnten unsere Zentrale anrufen und dort darum bitten, eine Order an jemand anderen weiterzuleiten. Doch so, wie die Mitarbeitenden am anderen Ende der Leitung drauf waren, kann man sich vorstellen, wie diese Telefonate abliefen: Man wurde unter Rechtfertigungsdruck gesetzt, musste mit dem Gesprächspartner, der die Belastungen unseres Jobs im Zweifel nicht einmal richtig kannte oder einschätzen konnte, diskutieren oder im schlechtesten Fall darum betteln, kurz aussetzen zu dürfen.

Und weil ich mir genau so ein Gespräch an diesem eh schon stressigen Tag eigentlich gerne erspart hätte, hatte ich meinen Auftrag zwar angenommen, mich vor dem Losbrettern trotzdem kurz in den Schatten zurückgezogen, um etwas zu trinken. Meine Zeiten und Zahlen waren bis zu diesem Zeitpunkt okay gewesen, eine kleine Verschnaufpause hatte ich mir allemal verdient. Ich starrte noch einen Moment auf das klingelnde Handy und meldete mich dann, neugierig, welcher Hauptstädter das Bedürfnis haben würde, mit mir zu sprechen.

»Hey Orry, Tim hier, dein Dispatcher in Berlin. Ist bei dir alles okay?«

Auch ohne Justus' Erklärungen beim Onboarding hatte ich inzwischen gelernt, was Dispatcher waren: eine Art Workflow-Offiziere, die den Laden digital überwachten und dafür sorgten, dass die Bringdienst-Brigade im Land niemals stillstand. Genau das schien jetzt buchstäblich das Problem zu sein, das Tim mit mir hatte.

»Ich wollt mal durchklingeln, ob du Hilfe gebrauchen könntest. Ich sehe nämlich, dass du im Moment wirklich sehr langsam unterwegs bist. Also eigentlich bewegst du dich seit Minuten gar nicht mehr vom Fleck?«

Wie schaffte dieser Tim es bloß, eine schlichte Feststellung erstens als Frage zu verkleiden und zweitens daraus auch noch einen handfesten Vorwurf zu machen? Ich hatte noch keinen Ton gesagt, da befand ich mich bereits mit dem Rücken an der Wand.

»Tja, nun, es sind fast dreißig Grad hier in Köln und ich bin jetzt schon länger unterwegs …«, antwortete ich unsicher, »ich wollte nur mal kurz eine Pause einlegen.«

Tim lachte durchs Telefon.

»Klar, kein Problem, ich seh schon: Du bist ja bereits ein paar Stunden dabei, du Maschine, und du hast es ja auch bald geschafft …«

Hatte ich das? Nach einem Blick auf die Uhr hätte ich gern mal eine kleine Diskussion darüber angefangen, was »bald« für ihn hieß. Da ich aber noch viel zu unsicher war, um mit Dispatcher-Tim aus Berlin verbal in den Ring zu steigen, schwieg ich still und ließ ihn weitersprechen.

»Ich kann dich gerne von der Order runternehmen, wenn es nicht anders geht. Da kann man nichts machen. Ich versuche mal deinen Auftrag umzuleiten und nehme dich dann runter von der App. Ist das okay?«

Bevor ich antworten konnte, sprach Tim einfach weiter. Natürlich war das Wegnehmen meines Auftrags *nicht* okay. Wer seine Order zurückgibt, aus welchen Gründen auch immer, verliert auf Dauer sein gutes Standing bei den Bestellungen, das regelt der unbarmherzige Algorithmus der App von ganz allein. Das konnte nicht in meinem Sinne sein.

»Logg dich wieder ein, wenn du wieder bereit bist, aber warte nicht so lange damit, ja? Danke, bis denne.«

Schon war Tim aus Berlin aus der Leitung, aber leider nicht aus meinem Kopf. Klar, der kann mich so was von mal, so im Prinzip. Soll er doch selbst versuchen, stundenlang in dieser höllischen Hitze durch Köln zu fahren. Aber natürlich hinterlassen Anrufe dieser Art ihre Wirkung. Beim nächsten Mal, so das Kalkül meines Arbeitgebers, würde ich mir zwei- bis dreimal überlegen, während eines Auftrags eine Pause einzulegen. *Big Brother is watching you* – und das die ganze verdammte Zeit. Da würde selbst die kleinste Pinkelpause mir noch ein schlechtes Gewissen machen, wenn ich wüsste, dass Tim währenddessen vor seinem Computer sitzt und missmutig auf meinen untätigen Bewegungsmelder starrt. Das war so infam. Angeblich in Sorge um unser aller Wohlergehen trieb man uns gnadenlos an, weiter, immer weiter, und das möglichst schnell.

Bei *Foodora* gab es mehr als nur einen Dispatcher, der Laden war schon in der kurzen Zeit, in der ich an Bord war, amtlich gewachsen. So war es ein ziemlicher Zufall, dass ich auch bei meinem nächsten Zwischenfall wieder an Berlin-Tim geriet. *Spoiler alert:* Angenehmer wurde es mit ihm auch beim zweiten Mal nicht.

Als Rider unter Zeitdruck steht man immer mit einem Bein im Krankenhaus. Mit dem Fahrrad in einer Großstadt unterwegs zu sein, in der sich Autofahrer als natürlichen Feind des Radfahrers begreifen, ist schon unter normalen Umständen keine reine Freude. Hatte man aber noch eine ausladende Foodbox auf dem Rücken und ein Handy häufig in der Hand, wurde es richtig bedenklich. Das Handy hielt man nicht deswegen in der Hand, weil man keinen Handyhalter von der Firma gestellt bekam, sondern weil die Qualität dieser Halterung so schlecht war, dass sie ständig auf die Straße fiel – und das bei vollem Tempo. Da war es deutlich kostengünstiger, mit dem Handy in der Hand das eigene Leben zu gefährden, als ständig alle paar Wochen ein neues Gerät zu kaufen. Dass man von einem Auto geschnitten, ausgebremst, angehupt oder von einer cholerischen Bulldogge am Steuer angepöbelt wurde, gehörte zu unserem Alltag. Dass wir aufgrund unserer engen Zeitvorgaben ein sehr großzügiges Verhältnis zur Straßenverkehrsordnung aufbauten, ebenfalls. Wilder Westen auf zwei Rädern war das, was wir tagtäglich erlebten, und ich muss zugeben, dass mir das damals manchmal auch einen kleinen Kick versetzte. Nicht sehr vernünftig, weiß ich, aber hey – bringt ja nichts, sich anzulügen.

Nicht immer waren nur die Autofahrer die Fiesen. Der Fahrer aber, der mich eines Tages mit seiner Blechkiste von der Fahrbahn schob, der *war* fies. Er erwischte mich mit seinem Heck, ohne dass ich ihn kommen hörte. Kein Hupen, kein Quietschen einer Bremse, nichts. Plötzlich lag ich ein paar Meter entfernt von meinem Fahrrad an einer Schaufensterwand und starrte verdutzt auf das sich immer noch drehende Vorderrad meines Bikes. Zuerst begriff ich gar nicht, was passiert war. Erst als ich den Schmerz in meiner Schulter und meinem Ellenbogen bemerkte, begriff ich, dass ich angefahren worden war. Willkommen im Klub, dachte ich in dem Moment, denn meinen Kolleg:innen passierte das ständig. Genauso, dass die Autofahrer sich meistens aus dem Staub machten, bevor Opfer und Zeugen sich wenigstens das Nummernschild merken konnten. So hielt es auch *mein* Abräumer. Als ich mich endlich am ganzen Körper abgetastet und erleichtert registriert hatte, dass ich wohl mit ein paar blauen Flecken davonkommen würde, war der Unfallverursacher längst im Kölner Verkehr verschwunden. Ein anderer Rider hatte den Vorfall zufällig beobachtet und eilte mir zur Hilfe. Gerade als er mir mein Bike brachte und bedauernd auf die Form des Hinterrads hinwies, das wohl nie wieder Straßentauglichkeit erlangen würde, bimmelte mein Handy. Noch leicht geschockt, ging ich ran.

»Hi Orry, Tim hier.«

Fucking Tim. Wieder ließ er mich nicht mal meinen Namen sagen.

»Ist alles okay bei dir? Du bewegst dich gerade nicht auf dem Bildschirm und du hast eine laufende Order.«

Ich erklärte ihm mit leicht zitternder Stimme, dass ich gerade angefahren worden war.

»Ich fahre jetzt erst mal in die Notaufnahme, meine komplette linke Seite tut weh.«

»Okay«, antwortete Tim so empathisch wie Markus Lanz, »gute Besserung. Weißt du, ob das Essen noch heil ist?«

Es dauerte ein paar Sekunden, bis ich verstand, was er wollte. Mit offenem Mund starrte ich auf mein Handy, als habe es gerade ein paar Eiswürfel ausgespuckt.

»Kannst du es noch selbst ausliefern oder soll ich jemand anderen vorbeischicken?«, fuhr Tim ungerührt fort.

Was für ein Vogel. Seine Reaktion verschlug mir die Sprache. Ich legte wortlos auf. Immer noch eine diplomatische Meisterleistung im Vergleich zu der Kaskade an übelsten Beschimpfungen, die mir auf der Zunge lagen. Es hätte im Prinzip keines weiteren Beweises bedurft, um mir klarzumachen, wie wenig wir Rider von unserer Firma respektiert und wertgeschätzt wurden. Ein lumpiges Pizzapaket im Gegenwert von zwanzig Euro war ihnen im Zweifel wichtiger als die körperliche Unversehrtheit ihrer Mitarbeitenden. Mein Riderkollege und ich schauten uns kurz an, er zuckte mit den Schultern, hatte das Gespräch von Tim und mir wohl mit anhören können. Ich bin sicher, dass wir in diesem Moment das Gleiche dachten. »Zähne zusammenbeißen und weiter. Haben wir eine Wahl?«

Die App, mit der wir bei *Foodora* arbeiteten, war nur auf den ersten Blick ein harmloses Instrument, das uns und der Firma half, ihr Kerngeschäft abzuwickeln. Ohne die App gäbe es keine Bestellung, keine Weiterleitung zum Restaurant, keine Information für den Fahrer – der gesamte Arbeitsprozess wurde darüber gesteuert. Die Datenschutzverletzungen und die Dauerüberwachung sicherten dem Unternehmen die Kontrolle und verschafften den Kontrollierenden die Möglichkeit, nach Gutdünken und Gutsherrenart mit den Mitarbeitenden zu verfahren. So konnten sie uns Rider einerseits antreiben und im Arbeitsalltag an unser körperliches Limit bringen und uns andererseits kleinhalten, indem mit ständig zu erwartenden Kontrollanrufen Druck erzeugt wurde. Auf dem Niedriglohnsektor ist solch eine Praxis keine Seltenheit, im

Gegenteil: Sie gehört zum alltäglichen Geschäft. Es geht immer um Kontrolle und Macht.

Dabei möchte ich gar nicht behaupten, dass Betreuung und Koordination von Mitarbeitenden per se etwas Schlechtes sind. Auch in klassischen Betrieben, in denen zum Beispiel in großen Produktionshallen gearbeitet wird, gibt es in der Regel Schichtleiter:innen und Vorarbeiter:innen. Sie überwachen Betriebsabläufe und stellen ein reibungsloses Arbeiten sicher. Vorgaben und Feedback werden dabei im besten Fall mündlich und im Dialog mit den Mitarbeitenden vermittelt. Natürlich sind auch in solchen Arbeitsverhältnissen Autorität, Hierarchien und Machtmissbrauch nicht weit. Doch die Möglichkeit, Mitarbeitende im Sinne der Firma zu kontrollieren und zu disziplinieren, sind in einem solchen Rahmen zumindest das Resultat direkter Kommunikation auf einem begrenzten und damit beherrschbaren Areal, dem Gelände der Firma.

In der Plattformökonomie wie bei einem Lieferdienst beispielsweise ist das anders. Die Firma hat keinen direkten Zugriff auf ihre Mitarbeitenden, weil die sich auf einem riesigen Gebiet in der Stadt verteilen. Da *Deliveroo* schlecht Leute einstellen kann, die den Ridern hinterherfahren, entsteht ein Machtverlust, denn es fehlt eine ständige Überwachung, die die Kontrolle über die Belegschaft ermöglicht. Um jetzt diesen vermeintlichen Machtverlust auszugleichen, entwickelten die Unternehmen ihre eigenen Liefer-Apps, basierend auf einem Algorithmus, um die Freiheiten ihrer Leute nach Kräften zu beschneiden und im besten Fall völlig an sich zu reißen. Geisterhaft sitzen die Algorithmen in den Apps und lenken die Rider, emsig flankiert von einer Armee aus Dispatchern, immer bereit, die digitale Peitsche knallen zu lassen. Die Devise lautet: Gib deinen Mitarbeitenden so wenig Raum wie möglich. Kommuniziere nur das Nötigste, sei so intransparent wie möglich. Je weniger Wissen und Zugriff die Fahrer:innen auf ihre eigenen

Daten haben, umso weniger Handlungsspielraum haben sie auch. Auch wenn es im Fall der Fälle darum geht, eigenes Arbeitsrecht wahrzunehmen. Engmaschig werden in diesem Unternehmenskonstrukt die einzelnen Arbeitsschritte organisiert, das heißt: vorgegeben, und indem jeder einzelne Schritt bestätigt werden und innerhalb eines kurzen Zeitfensters erreicht werden muss, wird die Kontrolle aufrechterhalten. Dazu kommt die Echtzeitüberwachung. Klingt erst mal alles sehr abstrakt, aber in der Wissenschaft gibt es einen Begriff für diese systemische Unwucht zwischen Arbeitgeber und Arbeitnehmer. Wir reden über das Phänomen der Informationsasymmetrie.

Im Prinzip bedeutet Informationsasymmetrie nichts anderes als die ungleiche Verteilung von Informationen. Im Falle der Lieferdienste besitzen und verfügen die Unternehmen über alle Informationen zum Arbeitsprozess ihrer Mitarbeitenden exklusiv, während die Beschäftigten selbst praktisch keinen Zugriff darauf haben. Bis auf eine zumeist undurchsichtige Endabrechnung am Monatsende, die einigermaßen pauschal gehalten ist und keinen detaillierten Einzelfallcheck erlaubt, gab es keinerlei nachvollziehbare Daten für uns Rider. Wir hatten nur die Möglichkeit, unserem Arbeitgeber buchstäblich blind zu vertrauen – was ziemlich naiv gewesen wäre, wenn man die gängige Firmenkultur nüchtern beurteilte. Oder man notierte jeden einzelnen seiner Arbeitsschritte akribisch und hätte dann im Konfliktfall wenigstens eine plausible Erinnerungsstütze, mit der man in die Auseinandersetzung ziehen konnte. Fragt sich nur, wem man dann im Zweifel eher glauben würde. Dem Algorithmus, der vermeintlich alles ganz präzise erfasst hat, oder den krakeligen Notizen eines einfachen Riders.

Ein gutes Beispiel für die fehlende Transparenz betraf die Verteilung und das Auszahlen des Trinkgelds. Einige unserer Kunden übergaben uns ihr Trinkgeld nicht in bar, sondern überwiesen es online zusammen mit ihrer Bestellung. Während der Begriff Trinkgeld erst mal nach unbedeutenden, kleinen Summen klingt, waren diese Beträge für uns Rider enorm wichtig. Denn im Niedriglohnsegment macht es – egal, ob in der Gastronomie, in der Logistik oder im Handwerk – einen enormen Unterschied, ob man Trinkgeld bekommt oder nicht. Trinkgeld kann zum Beispiel entscheidend dafür sein, ob man die Haferflocken zum Frühstück mit Wasser oder mit Milch aus der 99-Cent-Packung anmischt.

Ich kann leider bis heute nicht abschließend sagen, wie genau intern mit den online überwiesenen Trinkgeldern verfahren wurde. Meine Fragen dazu wurden mir nie richtig beantwortet. Der Moment allerdings, in dem ich davon erfuhr, dass es Onlinetrinkgelder gab, und nicht sicher sein konnte, ob ich sie jemals erhalten hatte, war in meiner Zeit als Rider ein historisches Down.

Während einer Schicht sprach mich einer meiner besten Kunden an, ein netter Typ. Zu manchen Klienten baute man im Laufe der Zeit eine Art persönliches Verhältnis auf.

»Sag mal, ich frag nur, weil du mich noch nie drauf angesprochen hast: Ich überweise dir zusammen mit der Rechnungssumme immer ein paar Euro Trinkgeld, weil ich finde, dass du einen guten Job machst. Hast du das Geld erhalten?«

Diese Ansage war mir in dem Moment gleich aus zwei Gründen peinlich. Zum einen, weil er mit seiner Nachfrage checken wollte, ob ich wirklich ein Typ war, der sich nicht für seine freundliche Geste bedankte. Zum anderen, weil ich tatsächlich bis dahin noch nichts von seinem Trinkgeld gesehen oder gehört hatte. Vor dem Kunden fiel es mir sehr schwer, entweder meinen Arbeitgeber als Banditen dastehen zu lassen oder mich selbst als verstrahlten Nullchecker. Deshalb bedankte ich mich kurzerhand überschwänglich und ließ mir nichts anmerken.

Kaum war ich raus aus seiner Wohnung, rief ich direkt in der Zentrale bei unserem Zahlenschubser an.

»Hallo, ich wollte mal fragen, wo ich einsehen kann, ob und wie viel Trinkgeld ich im letzten Monat gemacht habe.«

Die Antwort auf die in meinen Augen recht einfache Frage klang ein wenig unsicher. Na ja, natürlich hätte ich Trinkgeld bekommen, ich würde schließlich einen Killerjob machen. Aber leider könne man das selbst nicht direkt einsehen. Erst am Ende des Monats könne ich nachvollziehen, wie viel Trinkgeld ich online erhalten hätte.

»Weil es dort explizit ausgewiesen wird?«, hakte ich nach. Ich konnte mich nicht daran erinnern, dass ich so eine Information schon mal auf meinen Lohnzettel gefunden hätte.

»Nein, nicht direkt«, antwortete dann auch der heutige Chef vom Dienst (nicht Tim!) vage, das müsse man anhand der ausgezahlten Gesamtsumme irgendwie ausrechnen können.

Irgendwie ausrechnen? Das klang mysteriös. Zumal ich ja nicht mal immer nachvollziehen konnte, wie viele meiner abgeleisteten Stunden es denn tatsächlich auf den Lohnstreifen geschafft hatten. Also fragte ich nach, man möchte ja nicht dumm sterben.

»Wie soll ich das denn genau nachvollziehen und wie kann ich sicher sein, dass nicht durch technische Probleme ein paar der Zahlungen einfach durchgerutscht sind?«

Jetzt wurde der Ton schon etwas rauer. Leicht pikiert teilte mir die Fachkraft aus der Zentrale mit, dass ich mich darauf verlassen könne, dass nichts von den Trinkgeldern einbehalten würde.

»Mach dir da mal keine Gedanken.«

Nee, nee, ist klar. *Keine Gedanken.* Ich war nicht bereit, so schnell aufzugeben. Es musste doch eine Möglichkeit geben, diese ominösen Zahlungen zu finden und den Ridern personalisiert zukommen zu lassen. Das war doch hier kein Bingo-Basar, bei dem am Ende alle als Anerkennung ein Lebkuchenherz erhielten.

»Aber es könnte doch passieren, dass es mal irgendwo in der Technik hapert und das Trinkgeld unter den Tisch fällt. Also symbolisch gesprochen.«

Mein Gesprächspartner stieß hörbar nun an die Grenzen seiner Geduld.

»Orry, hör mal. Falls dir Ungereimtheiten bei der Abrechnung aufgefallen sein sollten«, sagte er jetzt mit deutlich genervtem Unterton, »dann schreibe doch bitte eine Mail.« Diese würde man dann selbstverständlich mit großer Freude an die outgesourcte Abrechnungsfirma weiterleiten und ob ich sonst noch Fragen hätte.

Fragen hatte ich wirklich noch, viele davon. Aber ich hatte den Eindruck, dass ich irgendwie nicht zu meinem Gesprächspartner vordrang. Unzufrieden legte ich auf. Wie soll ich in der Lage sein, nur anhand der Gehaltsabrechnung zu überprüfen, ob mir wirklich der gesamte Betrag korrekt überwiesen worden war, wenn ich selbst nicht kontrollieren konnte, welcher Kunde mir zu welchem Zeitpunkt Trinkgeld online geschickt hatte?

Wie konnte ich ernsthaft darauf vertrauen, dass das alles sauber war?

Die fehlende Transparenz im Umgang mit den Daten auf der App ist konsequent zum Nachteil der Rider ausgestaltet und ich gehe davon aus, dass das kein Zufall ist. Aber wie soll man einen möglichen Betrug beweisen, wenn man keinen Zugriff auf die entsprechenden Daten hat, ohne dabei Gefahr zu laufen, wie ein Aluhutträger zu wirken? Schon allein danach zu verlangen, war mutig. Es ließ einen im schlechtesten Fall als Unruhestifter und Lügner dastehen. Und einen Job hätte man dann auch vermutlich die längste Zeit gehabt. Zurück blieb nur großer Unmut. Und die starke Vermutung, dass uns Geld vorenthalten wurde, für das wir hart gearbeitet hatten und das für mich und viele andere Rider immens wichtig war. Vom Trinkgeld, das wir cash erhielten, kaufte ich mir immerhin in der Regel mein Essen.

7
Guilty Pleasures

»Jeder Mensch hat das Recht, über sein Schicksal selbst zu entscheiden.«

Bob Marley

Klar gab es Momente des Zweifels. Sollte ich, *musste* ich mir das alles bieten lassen? Von außen betrachtet würde niemand bei Verstand einen solchen Job akzeptieren. Seine Begleitumstände waren entwürdigend. Doch wenn die Alternative hieß, den letzten Rest finanzieller Sicherheit aufzugeben, *nur* um seine Würde und etwas Selbstrespekt zu bewahren, dann weiß ich aus eigener Erfahrung, wie die Entscheidung ausfällt. Auch wenn es nicht immer leicht ist. »Erst kommt das Fressen, dann die Moral«, hat Bertolt Brecht einmal gesagt, und so schmerzhaft diese Erkenntnis auch ist, sie trifft zu. Ich akzeptierte die Begleitumstände des Jobs, weil ich ihn brauchte. Und so wie mir erging und ergeht es vielen Menschen in prekären oder semiprekären Lebensverhältnissen. Nach dem Job auf Mindestlohnniveau folgt auf der gesellschaftlichen Abwärtsspirale nur noch die Arbeitslosigkeit und nach einer Weile das Bürgergeld. Damit hat man gerade genug in der Tasche, um zu überleben, aber deutlich zu wenig, um an einem nennenswerten sozialen Leben in Deutschland teilzuhaben. Die Würde des Menschen ist unantastbar? Na ja. Spätestens seit der Energiekrise, der galoppierenden Inflation und dem volatilen Arbeitsmarkt hat sich die Situation auf dramatische Weise verschärft. Ökonomische Sicherheit ist für viele Menschen ein rares Gut, der Abstieg in unserer Klassengesellschaft bis auf die niedrigste Stufe hängt jeden Tag wie ein Damoklesschwert über uns.

Man muss sich nur einmal genau vor Augen führen, wie die Arbeitsbedingungen bei den Lieferfirmen aussehen. Es fehlt so ziemlich an allem, was eine vertrauens- und verantwortungsvolle Zusammenarbeit auf Augenhöhe zwischen Arbeitgeber und Arbeitnehmer ausmacht. Zum Beispiel musste man bei *Foodora* im Prinzip alle seine relevanten Arbeitsmittel selbst mitbringen und natürlich auch finanzieren. Nicht mal einen kleinen Zuschuss gab es von unserem Arbeitgeber, Fahrrad und Handy waren allein unsere Sache. Dass dieser Umstand skandalös ist, hat die Lieferdienste nicht interessiert. Rechtliche Vorschriften wurden dort schulterzuckend maximal als gut gemeinte Ratschläge verstanden, die man aber in der Regel nicht befolgte. Sie waren mehr an Gewinnspannen interessiert und daran, Kosten um jeden Preis zu vermeiden. Das hieß auch, dass man im Zweifel auf Mitarbeitende verzichtete, oder besser – um es im Klartext zu formulieren –, dass man sie vor die Tür setzte, wenn es Ärger gab. Ohne mit der Wimper zu zucken. Gar kein Problem, es gab ja genügend andere Menschen, die unbedingt einen Job brauchten. Willkommen im Niedriglohnparadies der Unternehmer.

Um vernünftig arbeiten zu können, brauchten wir Rider in erster Linie gute, schnelle und allwettertaugliche Fahrräder. Anschaffung und Pflege kosteten im Jahr, überschlägig geschätzt, um die 1000 Euro. Je nach Jahreszeit und dem Umstand, ob wir Vollzeitfahrer waren, mussten wir jede Woche Ersatzteile besorgen. Wenn wir einen Unfall hatten – und das kam wegen unserer Zeitvorgaben und der Bereitschaft, dafür auch mal ein paar Verkehrsregeln zu ignorieren, häufiger vor –, mussten wir unser Rad auf eigene Kosten wieder fit machen. Man vergleiche das mal kurz mit einer ähnlichen Situation in einer anderen Branche. Angenommen, Sie haben mit Ihrem Dienstwagen unverschuldet einen Unfall. Glauben Sie, dass Sie für die Kosten dieses Unglücks selbst aufkommen müssen? Absurde Idee? Genau. Nur bei uns Ridern war das ganz normal. Wir waren für alles zuständig, selbst dann, wenn unsere Knochen in Mitleidenschaft gezogen wurden.

Ging es mit der Reparatur des Fahrrads nicht so schnell, weil es aufwendigere Schäden hatte, mussten wir uns irgendwo ein Fahrrad leihen. Meistens von unseren Kolleg:innen. Für die meisten von uns war es selbstverständlich, dass wir uns solidarisch mit denen zeigten, die kurzzeitig kein Fahrrad hatten. Aber das Leihen und Verleihen barg auch ein gewisses Risiko: für diejenigen, die sich das Rad ausliehen und es unbeschadet zurückgeben mussten, aber auch für diejenigen, die ihre eigene Existenzgrundlage vertrauensvoll in die Hände eines anderen gaben.

Wir wurden nach Stunden auf Mindestlohnbasis bezahlt. Das hieß, dass uns jede Stunde, die wir aus welchen Gründen auch immer nicht arbeiten konnten, am Ende von der Abrechnung gestrichen wurde. Auch unser Handy – neben dem Rad unser wichtigstes Arbeitsgerät – konnte schnell zum Problem werden. Durch die Dauerbelastung war die Halbwertszeit der Smartphones überschaubar. Was ein neues Teil auf dem für uns notwendigen technischen Standard kostete, kann sich ja jeder ausmalen. Das galt und gilt immer noch auch für gebrauchte Geräte.

Schließlich unsere Arbeitskleidung. Auch ein Faktor, den man nicht unterschätzen darf. Die Firmen stellte uns einige wenige, gebrandete, also mit dem Logo der Firma versehene Sachen zur Verfügung. Das war allerdings das Billigste vom Billigen, völlig unbrauchbar im Realitycheck unseres Jobs. Wer das trug, riskierte Hautausschläge durch Hitzestau oder saisonbedingte Erkältungskrankheiten, je nachdem, wie die Wetterlage gerade aussah. Weibliche Rider berichteten mir, dass sie für die turbulenten Fahrten oft einen Sport-BH trugen und diesen entsprechend anschaffen mussten. Interessierte das irgendwen außer den Betroffenen selbst? Nö. Weil wir uns maßgeblich im Freien aufhielten und immer in Bewegung waren, benötigten wir für alle vier Jahreszeiten die jeweils passende Kleidung, erfahrene Rider wussten das. Sie gaben mir immerhin Tipps, wie ich mich am effektivsten kleiden konnte. Mit den Sachen, die ich auch privat trage, hatte meine Ausrüstung überhaupt nichts mehr zu tun: Im Frühling brauchten wir Wasser abweisende, warme Klamotten, die aber nicht zu warm sein durften, damit wir nicht zu viel schwitzten. Im Sommer durften es dann luftige, schweißdurchlässige Kleidungsstücke sein, im Herbst Zwiebellagen mit Funktionswäsche und im Winter sollte vor allem die Unterwäsche lang, dick, warm und atmungsaktiv sein. Niemand will nach jeder dritten Schicht krank werden.

Generell gab es deutliche Unterschiede zwischen den Jahreszeiten. Die Sommer waren wegen der aufgestauten Hitze der Stadt anstrengend. Aber vor allem im Herbst und im Winter, in der Zeit des Kuschelns und der Zweisamkeit, bestellen Menschen sich die Pizza ihres Lieblingsitalieners lieber direkt nach Hause. Kann ich, der auch gerne auf dem warmen Sofa sitzt und die neuste Folge seiner Netflix-Serie schaut, sehr gut nachvollziehen. Wir Rider waren in diesen Monaten allerdings anderweitig beschäftigt: Bei

Wind und Wetter lieferten wir das Essen unter noch größerem Risiko aus als sonst. Wegen des deutlich erhöhten Bestellaufkommens mussten wir mindestens genauso schnell unterwegs sein wie im Sommer, am besten sogar noch schneller und effizienter, um die Auftragsflut abzuarbeiten. Welche Bedingungen auf den Straßen herrschten, spielte dabei eine untergeordnete Rolle.

Die Tage wurden kürzer, abends war es früher dunkel, dazu regnete es oft. Die Straßen waren fast immer nass, im Herbst von Blättern und Laub bedeckt, bei klirrender Kälte von Glatteis überzogen. Alles, was rutschig sein konnte, stellte ein Risiko dar und war potenziell gefährlich. Wir mussten deutlich konzentrierter Fahren und verbrauchten mehr Energie als in den wärmen Jahreszeiten, um Gefahrenquellen zu erkennen, sie zu umfahren und um der Kälte standhalten zu können. Fiel man doch mal hin, konnte man froh sein, wenn es auf einem einsamen Radweg passierte und nicht auf einer befahrenen Hauptstraße während der Rushhour.

Manche Gastronomen wollten auf keinen Fall, dass wir im Inneren ihres Restaurants warteten – egal, wie früh wir da waren oder wie lange ihr Küchenpersonal für die Zubereitung des Essens brauchte. Im Dunkeln frierend oder im strömenden Regen, bei Schnee und Kälte mussten wir deswegen draußen ausharren, bis uns die Lieferung übergeben wurde. Wenn man nicht ständig in Bewegung war, kühlte man bei dieser Warterei fast vollständig aus. Während der Fahrt hielt uns immerhin der Schweiß warm, der unter den wetterfesten Klamotten entstand, das Herumstehen war so erhitzt allerdings umso schlimmer. Es war praktisch eine Einladung an unser Immunsystem, uns durchs Fegefeuer zu schicken.

Es klingt vielleicht banal, aber zu den schlimmsten Dingen, die einem als Rider im Winter passieren konnten, gehörte es, Handschuhe und Gesichtsschutz zu verlieren oder zu vergessen. Das passierte einem genau ein einziges Mal und dann nie wieder. Es tat höllisch weh im eiskalten Fahrtwind, die Hände sicher am

Lenkrad zu halten. Und selbst Regentropfen fühlen sich im eigentlich durch die Kälte völlig betäubten Gesicht an wie Peitschenhiebe.

Das einzig Gute, was ich über die Herbst- und Wintermonate sagen kann: Es war die Zeit, in der wir das meiste Trinkgeld von den Kund:innen bekamen. Wahrscheinlich hatten viele Mitleid mit uns, wenn wir ihnen regenüberströmt und fröstelnd ihr Essen überreichten. Vielleicht wollten sie aber auch nur ihr schlechtes Gewissen beruhigen.

Wer krank war, blieb nicht zu Hause und kümmerte sich um seine Gesundheit. Zumindest war das meistens keine Option. Nie werde ich den Kollegen vergessen, der schniefend, hustend und mit Fieber durch die Stadt raste und seinen Job machte. Seine Diagnose: Lungenentzündung. Seine Begründung, nicht zu Hause im Bett zu liegen und trotzdem zu arbeiten? »Wie soll ich sonst meine Medikamente und mein Essen bezahlen?« Man hatte die Wahl zwischen Not und Elend. Das war brutal.

Da der Verschleiß unserer »Arbeitsuniformen« nachvollziehbar recht groß war, gingen allein für unsere Klamotten schnell mal mehrere Hundert Euro im Jahr drauf. Diesen Rattenschwanz an Kosten sah man immer erst dann, wenn man den Job angetreten hatte. Zu Beginn erschien einem die Arbeit leicht zugänglich und sogar einigermaßen attraktiv, aber nach und nach zeigte sich, wie viele und wie große Nachteile sie mit sich brachte und welche versteckten Kosten damit verbunden waren. Kosten, die man nicht selten vorab begleichen musste. Das ging manchmal so weit, dass man in einer regelrechten Kostenspirale feststeckte. Eine Schlinge, die sich immer weiter zuzog und aus der man aus freien Stücken kaum wieder herauskam. Weiterstrampeln war die einzige Option. *The show must go on!*

Bei meinen Vorträgen werde ich häufig gefragt, warum ich oder die anderen Rider das alles klaglos über sich ergehen ließen. Eine berechtigte Frage. Doch ich glaube: Wem jemals Existenzangst den Schlaf geraubt hat, der fragt sich möglicherweise nicht als Erstes, ob sein aktueller Job auch alle Anforderungen der idealen Work-Life-Balance erfüllt. Da geht es nur darum, ihn um jeden Preis zu behalten, nicht mehr und nicht weniger. Aber ich bin ehrlich. Da ist auch noch eine andere Sache …

Der Job war nicht nur meine Plage. Er war auch mein Opium. Das hatte ein Stück weit auch etwas mit toxischer Männlichkeit zu tun: Du bist allein auf der Straße. Deine Kolleg:innen, die *on the road* so was wie deine zweite Familie geworden sind, triffst du nur in Ausnahmefällen. Meistens bist du allein, stundenlang, ständig unter Stress. Das Adrenalin durchflutet deine Adern. Du trotzt allen Widrigkeiten und Witterungen, du versuchst, möglichst hart drauf zu sein. Der Survivalkampf auf dem Bike ist für Männerbilder von gestern ein bedenklich fruchtbarer Boden. Nicht dass ich mir damals meiner toxischen Männlichkeit bewusst gewesen wäre. Ich fuhr einfach bloß um mein Leben, jagte rücksichtslos den vorgegebenen Zeiten nach, so absurd sie auch waren. Ich fräste durch die Kölner Innenstadt wie ein wild gewordener Rasenmäher durch einen Kräutergarten, ignorierte rote Ampeln, schnitt Autos den Weg ab, scheuchte Passanten vom Bürgersteig. Ich merkte gar nicht, dass ich durch dieses ständige Tempo im Grunde nur meinen Arbeitgebern in die Karten spielte. Ich genoss den Thrill meiner Actiontouren geradezu und habe mich sicher mehr als einmal auf dem Rad selbst verschuldet in Gefahr gebracht. Einen Helm trugen die wenigsten Rider. Es juckte sie einfach nicht. Ein paar Vernünftige setzten ihn auf, aber die große Mehrheit verzichtete darauf. Auch ich gehörte zu diesen Wahnsinnigen. Ein Helm passte wohl nicht zu dem beinharten Bild, das ich in dieser Zeit von mir kultiviert habe. Ich war hart, supersportlich, trainiert, ganz generell kein Weichei, eben einer, der nicht aufgab.

Das ist natürlich im Rückblick höchst albern, gefährlich und ein wenig pathetisch obendrein. Eine derartige Überhöhung des Jobs war reiner Selbstbetrug. Aber nur so vergaß ich für die Dauer eines Auftrages die widrigen Umstände, in denen ich mich befand. Und bevor ich mich besinnen und mir bewusst machen konnte, dass ich keineswegs ein knallharter Iron Man der Metropolen war, sondern ein schlecht bezahlter Handlanger eines respektlosen Startups, kam auch schon wieder der nächste Auftrag rein. Und los ging sie, die nächste Fahrt!

Die Lieferdienste wussten natürlich, wie sie ihre Fahrer auf Linie brachten. Neben der App, die unseren Rhythmus vorgab und uns kontrollierte, arbeitete man auch mit kleinen psychologischen Tricks. Man setzte Anreize, besonders viele Aufträge anzunehmen, die mit Boni vergütet wurden, und trieb uns Fahrer auf diese Weise in eine unschöne Konkurrenzsituation. Als ob uns der Druck nicht schon gereicht hätte, den wir aushalten mussten, sollten wir jetzt auch noch jede Kollegin und jeden Kollegen als potenziellen Konkurrenten wahrnehmen. Immerhin das hat, soweit ich das beurteilen kann, nicht funktioniert. Untereinander haben wir uns nach Kräften unterstützt, wenn wir uns an den jeweiligen Log-in-Punkten oder während der Arbeit in der Stadt trafen.

In einer anderen Sache aber fiel der Marketingsprech unserer Chefs auf fruchtbaren Boden: Man suggerierte uns vom ersten Tag an, dass der Job im Grunde eine Art Freizeitbeschäftigung auf dem Fahrrad sei, eine sportliche Disziplin, die uns fit machte und fröhlich. Der Subtext solcher Botschaften lautete, dass wir froh sein könnten, auch noch dafür bezahlt zu werden, so viel Sport an der frischen Luft treiben zu können. Das war einerseits natürlich durchschaubarer Blödsinn. Fakt war aber auch: Es machte mir tatsächlich Spaß, jeden Tag mit dem Fahrrad durch Köln cruisen zu können. Ich lernte die Stadt auf eine Weise kennen, wie ich sie noch nie erlebt hatte. Erkundete Ecken, die ich sonst nie kennengelernt hätte. Und mein Fitnesszustand ist wohl nie besser gewesen als zu dieser Zeit. Es gibt Bilder von mir, da erkenne ich mich heute kaum wieder. Muskelbepackt und mit einem Körper, an dem kein Gramm Fett zu viel war. Doch, ich gebe es zu: Einige Facetten meiner Arbeit als Rider beim Lieferdienst habe ich gemocht. Ich habe währenddessen so viele unterschiedliche Menschen kennengelernt, bin in so viele amüsante, kreative, heruntergekommene oder todschicke Wohnungen gekommen, das fand ich immer wieder spannend.

Einmal bin ich mit meiner Auslieferungsbox auf dem Rücken in eine schmuddelige Einfahrt hineingegangen und von dort durch eine billige Garagentür ins Haus – plötzlich stand ich in einem Raum, der aussah, als wäre er in der Renaissance eingerichtet worden. Sauteuer, historisch und mit viel Geschmack. Ein anderes Mal habe ich im Innenhof eines Hauses einen Springbrunnen aus Marmor mit Engelstatuen, Putten und allerlei teurer Deko entdeckt. Purer Luxus. Und in der Wohnung ging es so weiter.

Allerdings gab es auch gegenteilige Fälle. Von einem Kunden wurde ich in einer unverdächtig-gutbürgerlichen Umgebung hineingebeten, alles sah nach einer völlig heilen Welt aus. Es war nichts erkennbar, was mich auf das Desaster in der Wohnung vorbereitet hätte, die von der Eingangstür bis ins letzte Zimmer zugestellt und vermüllt war, inklusive der passenden Duftnote. Man konnte nur Teile des Flurs erkennen und bis zu den eigentlichen Zimmern führten sehr enge Pfade. Alles andere war von Zeitungen, Kleidung, Lebensmitteln und Verpackungsmaterial vollgestellt, aufeinandergestapelt und geschichtet. Interessanterweise erhielt ich in genau diesen Messiewohnungen fast immer ein gutes Trinkgeld auf die Hand. Überhaupt wurde ich in den sogenannten Arbeitergegenden häufiger mit Respekt und Freundlichkeit behandelt als in den Gegenden der Besserverdiener. In den gutbürgerlichen, reichen Vierteln von Köln rückten die Kunden bei Barzahlung oft genug nur großzügige dreißig Cent heraus. Einmal führte mich die Lieferadresse zum Kunden in ein Parkhaus am Neumarkt. Ich hätte schwören können, dass ich da falsch war, aber nein, die Adresse stimmte. Es dauerte, bis ich in dem Parkhaus einen separaten Aufzug fand, der nur ins oberste Geschoss führte. Auf dem Dach des Parkhauses waren offenbar einige Luxuswohnungen gebaut worden – mit dem allerbesten Ausblick auf Köln.

Kurios war auch der Auftrag, bei dem ich Pizza in ein Bordell liefern musste. Hineingehen wollte ich allerdings nicht, vor allem deshalb, weil ich keinen Bock hatte, dass mich jemand sieht und denkt, ach schau mal an, da ist ein Typ, der gerade in den Puff geht. Mit einem Anruf habe ich die Damen gebeten, sich ihr Essen am Eingang abzuholen, was sie auch klaglos gemacht haben. Es wirkte fast so, als passiere ihnen das häufiger.

Ich habe auch mal eine Situation erlebt, da empfing mich ein Typ halb nackt mit einem Leopardenslip. Mit meiner Box auf dem Rücken musste ich ihn durch einen engen Gang bis zu seiner Wohnungstür begleiten. Plötzlich drehte er sich um und rückte recht nah an mich ran, unangenehm nah sogar, und ich konnte mich mit meiner klobigen Box nicht mal richtig von ihm wegdrehen, ohne im Gang stecken zu bleiben. Was macht man in so einer Situation? Man will ja nicht gleich wegrennen und vor allem erst mal kassieren …

»Ach du bis' aber een Leckerchen«, hat er dann gemeint und ob ich nicht noch eine mit ihm rauchen wolle.

Auch auf solche Situationen musste man sich in diesem Job einstellen, zumal der Leopardenslip-Mann durchaus freundlich blieb und nicht wirklich aufdringlich wurde.

Hinterher sind Begegnungen wie diese lustige Anekdoten, die wir Rider untereinander austauschten. Jede und jeder von uns erlebte sie in regelmäßigen Abständen. Wie zum Beispiel der Abend, an dem ich an der Tür einer Dame stand, die auf mich im ersten Moment wirkte wie eine gutbürgerliche Lehrerin mit einer braven, freundlichen Ausstrahlung. Vielleicht war sie ja wirklich Lehrerin oder Beamtin im Finanzamt, keine Ahnung, jedenfalls nahm sie ihr Essen entgegen und fragte dann mit einem hintergründig-eindeutigen Lächeln:

»Wollen Sie nicht Feierabend machen und auf ein Glas Wein mit reinkommen?«

For the record: Ich musste die Dame enttäuschen. Aber bei einer anderen Gelegenheit habe ich tatsächlich mal eine Einladung angenommen: Während einer Lieferung stellte sich heraus, dass die Leute vor Ort eine große Hausparty feierten. Sie machten mir mit breitem Grinsen die Tür auf und fragten, ob ich nicht Lust hätte, mitzufeiern. Und ob ich darauf Lust hatte! Aus der App habe ich mich sicherheitshalber ausgeloggt mit der Begründung, ich sei für heute außer Gefecht. Dann bin ich bis zum frühen Morgen geblieben.

Auch zwischen den Restaurants und den Ridern ist mit der Zeit eine gewisse Freundschaft oder sagen wir Solidarität entstanden. Nicht mit den Besitzern, eher mit den Kellner:innen, den Leuten aus dem Service. Die sahen ja, was wir für einen Mörderjob machten, und wussten, wie wenig Geld wir dafür erhielten. Einmal landete ich auf meiner letzten Fahrt des Tages bei einem italienischen Restaurant. Bevor ich die bestellten Pizzen einladen konnte, machte die App auf meinem Handy auf sich aufmerksam: Bestellung vom Kunden storniert. Ich informierte die beiden Kellner vor Ort, die sofort meinten:

»Na dann, entspann dich erst mal, Orry.«

Sie boten mir eine der Pizzen an, die eigentlich für den Kunden vorgesehen waren, und ein Getränk. »Wenn du jetzt Feierabend hast, kannst du auch hier ein bisschen abhängen«, schlug einer der beiden vor. Ich loggte mich aus der App aus und genoss meinen Feierabend. Auch das gehörte zu den guten Momenten.

Obwohl wir in verschiedenen Welten lebten, respektierten wir, die Servicemitarbeitenden und wir Rider, uns in der Regel gegenseitig. Wir trugen unterschiedliche Uniformen und bewegten uns in unterschiedlichen Lebens- und Arbeitsumfeldern, doch wir hatten intuitiv ein gutes Gespür dafür, dass wir auf derselben Seite kämpften. Wir wollten alle doch nur irgendwie über die Runden kommen und arbeiteten hart dafür. Aus diesem gegenseitigen Respekt heraus erlebte ich Solidarität, ja vielleicht sogar das Flackern eines gewissen Klassenbewusstseins, verbunden mit einer Resilienz in der alltäglichen Schufterei. Mag sein, dass ich das ein wenig überhöhe, aber es ist ein tröstlicher Gedanke. Und eins weiß ich mit Sicherheit: Ich habe an diesen langen Abenden viele gute Menschen kennengelernt und denke daran immer wieder gerne zurück.

8
Wär ich nicht arm, wärst du nicht reich

»Ein Individuum hat erst dann zu leben begonnen, wenn es sich über die engen Grenzen seiner individualistischen Anliegen zu den umfassenderen Anliegen der gesamten Menschheit erheben kann.«

Martin Luther King jr.

Wenn ich rückblickend daran denke, wie sehr ich mir die Arbeit als Rider für unterschiedliche Lieferdienste schöngeredet habe, treibt mir das die Schamesröte ins Gesicht. Nicht mal mein Wechsel von *Foodora* zu *Deliveroo* hat mich grundsätzlich zum Nachdenken gebracht. Obwohl die Umstände meines Arbeitsplatzwechsels schon so was von typisch waren für den fragwürdigen Umgang mit unserer Arbeitskraft, ohne an die existenziellen Folgen für uns Betroffene zu denken. Vom moralischen Komplettversagen unserer Arbeitgeber mal ganz abgesehen. Aber das sind

Kategorien, mit denen man im knallharten Turbokapitalismus ohnehin nicht weit kommt.

Ich stellte meinen Job nicht infrage, weil ich auf einer oberflächlichen Ebene Spaß daran hatte, und sah über seine unschönen Begleiterscheinungen so lange hinweg, bis sie sich nicht mehr länger verdrängen ließen und sie mir irgendwann mit der Wucht eines Pferdetrittes ins Gesicht klatschten. Innerhalb meines ersten Jahres bei *Foodora* wurde ich regelmäßig mit Komplimenten und allerlei Lobhudeleien überhäuft. Dass mir und allen anderen damit nur Honig ums Maul geschmiert wurde, um uns ruhig zu halten und von unseren prekären Arbeitsbedingungen abzulenken, war den wenigsten von uns klar. Ich fand zu der Zeit, dass es ein überwiegend aufregender Job an der frischen Luft war. Mein Fitnesszustand war nie besser, der vermeintlich unabhängige Tagesablauf suggerierte Selbstbestimmung. Heute weiß ich: Meine Selbstbestimmung bestand nur darin, selbst entscheiden zu können, wann genau ich mich ins Hamsterrad setzte und dort meine Runden drehte – in einem Tempo, das wiederum nur von der rasend schnell getakteten App meines Arbeitsgebers bestimmt wurde. Mehr Selbstbetrug war kaum vorstellbar. Das Stockholm-Syndrom lässt grüßen. Der Begriff Stockholm-Syndrom beschreibt umgangssprachlich ein psychologisches Phänomen. Er ist mutmaßlich zurückzuführen auf eine Geiselnahme in den 1970er-Jahren. Bei einer Geiselnahme in einer Bank in Stockholm verliebte sich eine Geisel nach einigen Tagen in ihren Peiniger, statt ihn zu bekämpfen. Und das, so besagt die Theorie, um sich und die eigene Psyche vor den negativen Gefühlen einer schwierigen Situation zu beschützen. Ich würde nicht so weit gehen, dass ich in meinen Job als Rider *verliebt* gewesen wäre. Aber schöngeredet habe ich ihn mir auf jeden Fall.

Es hat ein Jahr gedauert, bis ich am eigenen Leib erfuhr, wie viel ich meinen Chefs bei *Foodora* wirklich bedeutete, denn die Verlängerung meines Arbeitsvertrags stand an. Mein erster Vertrag war auf ein Jahr befristet gewesen und lief bald aus. Nun sollte ich eine Vertragsverlängerung erhalten, die wieder genau ein Jahr umfasste und die darüber hinaus eine Option auf zwölf weitere Monate enthielt – die Chance auf zwei weitere Jahre als Rider also. Das klang nach einem Upgrade und nach ein bisschen mehr Sicherheit. Was ich zu diesem Zeitpunkt nicht wusste: Eine Befristung meines Arbeitsvertrags über die ersten beiden Jahre hinaus wäre rechtlich gar nicht mehr möglich gewesen. Nach Ablauf der zwei Jahre hätte sich mein Arbeitsverhältnis per Gesetz in einen unbefristeten, »normalen« Arbeitsvertrag mit dem Unternehmen umgewandelt.

Geduldig wartete ich darauf, dass mir mein neuer Vertrag geschickt wurde, doch nichts passierte. Irgendwann nahm ich das Heft selbst in die Hand und schrieb fröhlich eine Mail an meinen alten Freund Justus, unseren Standortboss. Ich erinnerte ihn daran, dass ich mich als eifriger und auch von ihm häufig gelobter Mitarbeiter darauf freute, den nächsten Vertrag bei *Foodora* unterschreiben zu dürfen. Ich rechnete damit, dass das nur eine Formalität sei. Schließlich war ich doch immer ein braver Rider gewesen, war bei Wind, Wetter und sogar im kranken Zustand gefahren, hatte immer nach Extrastunden gefragt, war – in meinen eigenen Augen – ein Macher in der Riderbrigade. Wie entgeistert war ich, als Justus mich kurze Zeit später anrief. *Long story short:* Ich war raus!

Mit großem Bedauern müsse er mir mitteilen, dass ich keine weitere Verlängerung meines Vertrags mehr bekommen könne. Ihm persönlich tue das natürlich sehr leid. Auch dass er mir das ausgerechnet heute, am Stichtag des Vertragsendes, mitteilen müsse. Er habe mir die schlechte Nachricht schon eher mitteilen wollen, aber hey: So. Viel. Los. In der Company.

»Ich fühle mich wirklich scheiße, mein Lieber, aber ich hatte den Kopf voll, ich wurde befördert und leite demnächst einen Standort in Dänemark!«, schob Justus hinterher.

Erwartete er, dass ich ihm zu seiner Beförderung gratulierte? Immerhin war er jetzt aus Deutschland raus. Sicher keine gute Nachricht für Dänemark, aber das war in diesem Moment nur mein zweiter Gedanke.

»Aber du hast doch noch vor einer Woche gesagt, dass meine Verlängerung überhaupt kein Problem sei und ich einer der besten Rider wäre?«, hakte ich geschockt nach.

Durch das Handy hörte ich, wie in Justus' Großraumbüro ein Song der Backstreet Boys lief. »Quit playing games with my heart …«

Justus gehört zu diesen Menschen, auf die man in Chefetagen unterschiedlichster Unternehmen – egal ob biederes Amt oder hippes Start-up – immer wieder trifft. Oberflächlich freundlich bis hin zur unangenehmen Jovialität, im Zweifel aber bereit, dich jederzeit frech anzulügen. In entscheidenden Momenten leiden sie gern unter einer vollumfänglichen Amnesie und sind dabei in der Lage, selbst unbehaglichste Situationen mit gespielter Ahnungslosigkeit und falschem Wohlwollen zu überspielen. Dass Justus mir meinen Job noch vor einer Woche weiterhin als »safe« zurückgemeldet hatte, sei möglicherweise einem ärgerlichen Kommunikationsproblem geschuldet, in Kombination natürlich mit einem (meinem!) Missverständnis. *So sorry!* Und jetzt noch viel Glück weiterhin.

Alles, was mir in diesem Moment noch blieb, war das Pfand, das ich zu Beginn meiner Arbeit für die Kleidung und die Transportbox hinterlegt hatte, von Justus zurückzufordern. Aber auch das sollte – was auch sonst? – nicht so einfach sein. Fünfzig Euro und Justus' Stirn zog Falten, als sei sein Laden von der Insolvenz bedroht. Schließlich beschied er mir mit einer Geste, mit der man üblicherweise Brotkrümel vom Tisch fegte, dass er den Betrag mit meiner letzten Lohnabrechnung überweisen und auf dem Lohnzettel extra ausweisen würde. Und jetzt müsse er leider los, denn … Zeit ist Geld. *Yeah right.*

Es ist an der Zeit, an dieser Stelle wieder einmal einige grundsätzliche Gedanken zu formulieren, um auf das schon im Kern so bescheuerte Geschäftsmodell der Lieferdienste hinzuweisen. Die Firmen, egal ob sie *Foodora, Deliveroo* oder heute *Lieferando* oder *Wolt* heißen, erzählen gern die Geschichte von Studierenden, die hauptsächlich für sie fahren und das als lustigen Nebenjob an der frischen Luft begreifen. Alles easy, alles total lässig, alle glücklich. Das Gegenteil ist der Fall. Der Job geht an die Substanz und ist keineswegs so romantisch, wie die Lieferdienste selbst gerne behaupten. Ihr Ziel ist es stattdessen, möglichst ahnungsloses und leicht zu manipulierendes Personal zu rekrutieren. Das sind aber in der Regel keine gut ausgebildeten und informierten Studierende von nebenan, die auf dem Nebenjobmarkt eh besonders gefragt sind. In der Regel handelt es sich um Menschen, die auf die Jobs im Niedriglohnsektor angewiesen sind und die diese Jobs keineswegs als reinen Nebenjob verstehen. Ganz häufig geht es um Menschen mit einer Migrationsgeschichte, die ihre Rechte als Arbeitnehmer:innen nicht kennen und oft schon an der Sprachbarriere scheitern, wenn es darum geht, sich mit ihrem Arbeitgeber auseinanderzusetzen. Es sind Menschen, die zum Beispiel gar nicht überblicken (können), dass sie mit dem Job in eine Kostenspirale geraten, wie ich sie bereits geschildert habe.

Klar – es gibt einige Studierende, die bei den diversen Essenslieferdiensten arbeiten. Aber zur Wahrheit gehört, dass diese

»Studierenden« meistens aus dem Ausland nach Deutschland gekommen sind und aufgrund von ökonomischen Zwängen jede Art von Arbeit annehmen müssen. Egal, wie gut oder schlecht sie bezahlt ist.

Auch mein Freundeskreis besteht zu einem Teil aus Studierenden aus der ganzen Welt. Supertolle, wahnsinnig smarte, ambitionierte und äußerst engagierte junge Menschen, die mit großen Hoffnungen auf ein gutes Leben in unser Land gekommen sind. Sie haben sich diese vermeintlich komfortable Situation – wenn man die Lebensbedingungen in Deutschland mit denen ihrer Ursprungsländer vergleicht – selbst hart erarbeitet. Kurzum: Sie sind eine absolute Bereicherung für unsere multikulturelle Gesellschaft und bieten viel Potenzial, um sie mit uns zusammen voranzubringen. Es sind auch mutige Menschen, von denen wir angesichts der vielfältigen Probleme unserer Gesellschaft so viele wie möglich brauchen werden. Wir reden da über den Kampf gegen den wieder aufkeimenden Faschismus, die globale Klimakrise, gegen rassistisch motivierte Gewalt, Queerfeindlichkeit und was da sonst noch alles täglich in den Nachrichtensendungen aufploppt. Es sind auch Menschen unter ihnen, denen geholfen werden muss, statt sie einer Arbeitswelt auszusetzen, die keine Grenzen und keine Scham kennt. Einer Arbeitswelt, die ausnutzt, dass migrantische Arbeitnehmer:innen aufgrund noch lückenhafter Sprachkenntnisse oder fehlenden Wissens keine Möglichkeit haben, sich gegen unzumutbare Bedingungen zur Wehr zu setzen, und denen man auf diese Weise verweigert, ihr wahres Potenzial auszuschöpfen. Aber es geht hier nicht nur um Potenzial, das nicht ausgeschöpft werden kann, sondern auch darum, diese Menschen nicht vom sozialen Leben in unserer Gesellschaft auszuklammern. Natürlich sind nicht die Lieferdienste der Kern allen Übels. Sie sind nur der schamlose Nutznießer einer Gesetzgebung, die der Ausbeutung von Arbeitnehmer:innen auf dem Niedriglohnsektor Tür und Tor öffnet.

Und damit wäre ich auch schon wieder bei dem Thema, mit dem dieses Kapitel des Buches begonnen hat: Reden wir über befristete Arbeitsverträge.

In meinen Augen handelt es sich dabei um ein Instrument eines gnadenlosen Arbeitsmarktes. Lange Jahre waren befristete Arbeitsverträge ohne Sachgrund gesetzlich verboten, das Bundesarbeitsgericht erklärte sie 1960 für generell unzulässig, um ungerechtfertigte Kündigungen zu umgehen. Nur im begründeten Ausnahmefall durften Arbeitsverträge befristet werden. Als in den 1980er-Jahren in Deutschland Massenarbeitslosigkeit herrschte, lockerte der Gesetzgeber die Bestimmungen und erlaubte die sachgrundlose Befristungen von Arbeitsverträgen wieder. Seitdem können Unternehmen Lohnarbeiter:innen erneut auf Zeit einstellen, ohne dafür einen zwingenden Grund angeben zu müssen. Simpel ausgedrückt bedeutet es, dass Firmen ihre Beschäftigte in Arbeitsverträge zwingen können, die die Angestellten zwangsläufig dauerhaft unter Druck setzen. Allerdings dürfen Lohnarbeiter:innen maximal zwei Jahre befristet beschäftigt werden, danach wird aus dem befristeten Job ein unbefristeter, der so durch den üblichen Kündigungsschutz gesichert ist.

Warum die Befristungen überhaupt 1985 und schließlich erweitert 1996 wieder erlaubt wurden, ist durchschaubar und diente in erster Linie den Unternehmen: Es sollten Anreize für vermehrte Neueinstellungen in den Firmen geschaffen werden. Wie so üblich ist der Weg zur Hölle mit guten Absichten gepflastert. Im Endeffekt wurden jedoch damit tarifliche und arbeitsrechtliche Rahmenbedingungen gefährlich aufgeweicht und in vielen Bereichen die Pforten zur Ausbeutung von Arbeitnehmer:innen geöffnet.

Ich möchte an dieser Stelle nicht die komplette Entwicklungsgeschichte des befristeten Arbeitsvertrages nachzeichnen, auch wenn die Lektüre sicher lohnenswert wäre. Vielmehr möchte ich mein Augenmerk auf die Auswirkungen von befristeten Verträgen für die Arbeitnehmer:innen lenken. Die Überschrift eines Impulspapiers aus dem April 2021 der gewerkschaftsnahen Hans-Böckler-Stiftung lautet nur auf den ersten Blick nüchtern: »Vier von zehn Neueinstellungen sind befristet.«

Damn.

In diesem Bericht ist zu lesen, dass im Frühjahr 2020 in der Hochphase der Coronapandemie rund 39 Prozent aller Neueinstellungen von Anfang an befristet wurden. Fast die Hälfte aller Neubeschäftigten tritt in einer Zeit, in der nicht nur das ökonomische Überleben auf dem Spiel steht, einen Job in dem Bewusstsein an, dass der nach spätestens zwei Jahren sehr wahrscheinlich wieder weg sein wird. Was macht diese Unsicherheit mit Menschen, die vielleicht gerade eine Familie gegründet haben, eine Wohnung kaufen möchten, ganz generell ihre Zukunft gestalten und sie nicht nur einfach passieren lassen wollen? Mit wie viel Enthusiasmus stürzen sie sich wohl in ihre neue befristete Arbeit, frage ich mich. Die eigene Zukunft ist ungewiss und aufgrund der fehlenden Planbarkeit und Sicherheit grundsätzlich prekär. Ist das kein Armutszeugnis für ein Land wie Deutschland – buchstäblich?

Dass die unzähligen Arbeiter:innen in den Supermärkten, Krankenhäusern, bei den Lieferdiensten oder im Einzelhandel auch während der Pandemie ihre Arbeit verrichteten – ohne damals schon über alle gesundheitlichen Risiken im Bilde gewesen zu sein –, wurde als selbstverständlich hingenommen. Manchmal hege ich den Verdacht, dass es den meisten Menschen einfach egal war. Hauptsache, sie liefern weiter, Hauptsache, der Supermarkt ist wie gewohnt geöffnet, Hauptsache, der Service bleibt bestehen. In diesen häufig befristeten Arbeitsverhältnissen befinden sich längst nicht nur junge Menschen, wie man das gerne öffentlich verlautbart, sondern Menschen jeden Alters und aus ganz unterschiedlichen sozialen Milieus: Alleinerziehende, Studierende, Menschen mit Fluchterfahrungen, Menschen mit Familie, Menschen mit mehreren Teilzeitjobs, Schwerbehinderte.

Doch zurück zu den Lieferdiensten, zurück zu mir und meinen Kollegen. Besonders die völlige Abwesenheit auch der kleinsten finanziellen Sicherheit war unwahrscheinlich belastend für uns. Wenn man ständig vor Augen hat, dass ein Vertrag willkürlich verlängert wird oder auch nicht, dann bedeutet das 24/7, jeden Tag des Monats Druck. Eine Situation, die reelle Ängste auslösen kann. Existenzangst zum Beispiel. Sicher mag der eine oder andere Studierende, der nicht auf das Geld angewiesen ist und den Job bei den Lieferdiensten nur so nebenbei ausübt, seinen befristeten Vertrag nicht als besonders belastend empfinden. Darum geht es aber in den meisten Fällen nicht. Befristete Verträge erlauben den Unternehmen, ihre Mitarbeitenden kleinzuhalten, unter Druck zu setzen und nach ihren Vorstellungen zu manipulieren. Das perfekte Instrument, jeden aufkeimenden Widerstand im Ansatz zu brechen. So wie das bei uns lief, dürfte es auch in anderen Branchen funktionieren. Wir wurden angetrieben wie Rennmäuse, von der App rundum kontrolliert, schlecht bezahlt und mit unseren Kosten alleingelassen. Wir haben das alles ertragen, weil wir wussten, dass wir jederzeit in Ungnade fallen konnten. Jede einzelne Situation, die das Potenzial für einen Konflikt mit unserem Arbeitgeber barg, hing wie ein Damoklesschwert finster über unseren Köpfen. Ob man sich am Ende der ersten befristeten Periode über eine Verlängerung freuen durfte, hing auch von der Entscheidung ab, ob man sich mit einer Lungenentzündung eine Woche ins Bett legte oder doch lieber die Zähne zusammenbiss und die ganze Zeit durchfuhr. Hätte ja sein können, dass Kranksein im Headquarter des Lieferdienstes nicht so gut ankam. Oder ein Unfall. Oder zu langsam ausgeliefertes Essen. Also rissen wir uns am Riemen und ertrugen, was sich offenbar nicht ändern ließ. Doch das permanente Störgefühl, dass jegliches Abweichen von der Norm sofort bemerkt und entsprechend sanktioniert werden würde, verschwand niemals.

Ich jedenfalls brauchte das Geld, zumindest so lange, bis ich endlich einen Anspruch auf BAföG erhalten würde. Denn dann sähe die Lage anders aus, der finanzielle Druck wäre nicht mehr so belastend. Und mir war klar: Schon ich wurde mental davon beeinflusst, dass Miete, Gas, Strom, Internet, Fahrrad, Arbeitsklamotten, Essen und Bildung von meinem Mindestlohn von 9,38 Euro die Stunde bezahlt werden mussten. Wie ging es dann erst den vielen anderen Menschen da draußen, die zweifellos viel prekärer lebten als ich? Zumal wir ja alle auch ein wenig leben wollten und ein Minimum an gesellschaftlicher Teilhabe anstrebten. (Was irgendwie besser klingt, als zu behaupten, dass Kinobesuch und Kneipe auch zu Menschenrechten dazugehören …)

Ich denke da beispielsweise an die Riderin aus Hamburg, die ihr Kind allein erziehen musste und für den Unterhalt keinerlei Unterstützung von irgendwem erhielt. Oder an den Ingenieur, der aus Libyen vor dem Krieg geflüchtet war und nun bei McDonald's und bei einem Lieferdienst in einer völlig unterfordernden Position arbeiten musste, weil sein Universitätsabschluss in Deutschland nicht anerkannt wird. Über diesen bürokratischen Irrsinn müsste man sich ohnehin einmal intensiver Gedanken machen.

Können wir es uns leisten, hoch qualifizierte Fachkräfte bei McDonald's Cheeseburger braten zu lassen? Seine Berufsausbildung nachholen oder im Rahmen eines Lehrgangs anerkennen lassen, kann mein Kollege aus Libyen in Deutschland auch nicht. Der Grund: Seine Duldung im Land ist daran gekoppelt, eine sozialversicherungspflichtige Tätigkeit auszuüben. Hört er mit seinen Sackgassenjobs in der Niedriglohnbranche auf, kann er jederzeit ohne Vorwarnung abgeschoben werden. Niemand sollte in ein

Kriegsgebiet abgeschoben werden. Und erst recht nicht jemand, der alles tut, um Teil unserer Gesellschaft zu sein – für die er eine echte Bereicherung ist. Zumal er auch seine Eltern in der Heimat versorgen muss, die zu alt und gebrechlich sind, um ebenfalls nach Deutschland zu kommen. Wie irre ist das alles? Und das alles vor dem Hintergrund, dass in der *Tagesschau* gleichzeitig mal wieder vom schlimmen Fachkräftemangel gesprochen wird.

Oder sprechen wir über die Studierende aus Venezuela, die aufgrund der Sperrkontoregelung für Studierende außerhalb der EU gezwungen ist, über 11.000 Euro jährlich als Garantie auf ihrem Bankkonto zu hinterlassen. Was ein Sperrkonto ist? Es handelt sich dabei um ein besonderes Konto, über das der Inhaber oder die Inhaberin nicht frei verfügen kann. Auf das Sperrkonto müssen Studierende aus Nicht-EU-Ländern einen gesetzlich vorgeschriebenen Mindestbetrag einzahlen: Das sind aktuell 2024 genau 934 Euro für jeden Monat, in dem die Studierenden in Deutschland leben. Eine für Studierende stattliche Summe, die jederzeit nachweislich auf ihrem Konto sein muss. Ein brutaler Druck, Jahr für Jahr vor der Frage zu stehen, ob man weitermachen darf oder ausgewiesen wird. Vom Druck, so ziemlich jede Arbeit annehmen zu müssen, um genau das abzuwenden, mal ganz zu schweigen.

Besonders verstörend ist auch die Geschichte einer jungen Frau, die in einer riesigen Fleischerei arbeitete. Mich packt immer noch jedes Mal das Grauen, wenn ich mich an ihre Geschichte erinnere, die mir eine Betriebsrätin erzählte. Diese junge Frau wurde aus Osteuropa mit dem Versprechen auf ein besseres Leben und gut bezahlte Arbeit nach Deutschland gelockt. In der Großfleischerei schuftete sie bis auf die Knochen, gemeinsam mit vielen anderen Leidesgenossen aus zahlreichen osteuropäischen Ländern. Was niemand wusste oder bemerkte: Sie erlitt auf der Arbeit eine Totgeburt.

Erst als sie später im Verlauf des Tages einen Zusammenbruch am laufenden Fließband erlitt, kam ihre Tragödie ans Licht. Entgeistert fragte die Betriebsrätin die junge Frau, warum sie keinen Arzt gerufen habe. Die lapidare Antwort: Sie kannte ihre Rechte nicht und hatte einfach Angst, ihren Job zu verlieren. Daher habe sie die Totgeburt verschwiegen und einfach weitergearbeitet und ihr Leben riskiert. Bis heute ist das einer der schlimmsten Fälle, von denen ich weiß. Er zeigt, wie hart und grausam die Lebensrealitäten von Menschen im Niedriglohnsektor aussehen können. Und es ist leider kein Einzelfall.

Laut der Daten von Statista, der deutschen Onlineplattform für Statistik, ist der deutsche Niedriglohnsektor 2021 einer der größten, wenn nicht *der* größte in ganz Europa. Das muss man sich erst mal auf der Zunge zergehen lassen. Ursprünglich eingeführt, um Menschen aus der Arbeitslosigkeit zu befreien, hat sich der Niedriglohnsektor, gekoppelt mit einer kollektiven Befristung von Arbeitsverträgen, zu einem Hebel entwickelt, der Menschen ins Prekariat abschiebt und ihnen die Chance auf ein würdiges, unabhängiges Leben verwehrt. Im Podcast »Tacheles« des Deutschlandfunks sprach die *DIW*-Ökonomin Alexandra Fedorets 2021 davon, dass etwa jede:r fünfte Beschäftigte im Niedriglohnsektor arbeitet. Sie bewertet das als »alarmierend«. Ich meinerseits bewerte ihre Bewertung noch als Untertreibung. Es ist eine Katastrophe. Und zudem eine Gefahr für den sozialen Frieden in unserer Gesellschaft, weil sich die Schere zwischen Arm und Reich seit Jahren weiter öffnet. *Wär ich nicht arm, wärst du nicht reich.* Brecht hat's gesagt, vor langer Zeit. Heute ist es aktueller denn je.

Befristete Arbeitsverträge, niedrige Löhne, undurchdringbare Bürokratie – all das vermittelt Menschen das Gefühl, vom Staat und von der Gesellschaft im Stich gelassen zu werden. Ein perfekter Nährboden für politische Radikalisierung. Was passiert mit dem

Mindset eines Landes, in dem Milliardäre ihr Vermögen schamlos in absurde Höhen katapultieren, während auf dem Niedriglohnsektor selbst alberne Cent-Erhöhungen hart umkämpft werden müssen?

Ich denke dabei häufig an eine »Hart aber fair«-Sendung aus dem Juni 2024, in der ein Lkw-Fahrer zu Wort kam. In der Folge empörte er sich darüber, dass die Spesen für Lkw-Fahrer:innen Anfang des Jahres nicht wie ursprünglich geplant um zwei Euro pro Tag angehoben wurden. Aus diesem Grund müsse er die immer weiter steigenden Kosten für Dusch- und Toilettengänge auf Autobahnraststätten, die Teil seines Arbeitsalltags sind, zunehmend aus eigener Tasche zahlen. Die Höhe solcher Spesen wird nicht individuell von den Arbeitgebern festgelegt, sondern durch die Politik, genauer gesagt durch das Bundesfinanzministerium. Gleichzeitig, so der interviewte Lkw-Fahrer, wurden die Diäten für Bundestagsabgeordnete jedoch erhöht, in besagtem Jahr sogar um 6 Prozent, also um 635,50 Euro pro Monat. Die Diäten von Bundestagsabgeordneten müssen durch den Deutschen Bundestag beschlossen werden und sind an den Nominallohnindex gekoppelt. Das heißt, sie folgen der durchschnittlichen deutschen Bruttolohnentwicklung im vergangenen Jahr.

Während die Diäten 2024 also stiegen, blieben die Spesen unangetastet auf Vorjahresniveau. Und das, obwohl Lkw-Fahrer im Zuge der Inflation und der gestiegenen Kosten durchaus auf eine Erhöhung angewiesen gewesen wären. Der wenig sensible Konter des FDP-Vertreters in der Talkshowrunde, dass die Diäten während der Coronakrise auch mal reduziert worden seien (um 70,58 Euro pro Monat) und auch Abgeordnete mit ihren 10.000-Euro-Diäten pro Monat Angst vor dem Verlust ihres Jobs hätten, war dabei besonders hilfreich, um die Politikverdrossenheit unter den Zuschauern zu fördern.

Aber es gibt auch (kleine) gute Nachrichten: Der Niedriglohnsektor schrumpft. 2017 war er noch auf dem Stand von 23 Prozent aller Beschäftigten, 2023 lag der Wert nur noch bei 16 Prozent.

Huch? Was ist denn da passiert? Magie? *Nope.*

Nach vielen zähen, aber schlussendlich erfolgreichen Tarifverhandlungen wurden in zahlreichen Branchen die tarifgebundenen Löhne erhöht. Gewerkschaften sei Dank. Was viele nicht wissen: nur Gewerkschaften dürfen in Deutschland Tarifverträge verhandeln. Umso wichtiger ist deshalb eine Mitgliedschaft, um die Streikfähigkeit der einzelnen DGB-Mitgliedsgewerkschaften zu stärken. Neben den Tariflöhnen wurde auch der Mindestlohn angehoben, auch das ein Ergebnis einer jahrzehntelangen, kontinuierlichen Arbeit. Aber machen wir uns nichts vor: Es gibt noch viel zu tun.

Ich verließ das Büro von Justus nach meiner gefühlten Kündigung verärgert, aber unbesorgt. *Foodora* war damals nicht der einzige Lieferant auf dem Markt der Essenslieferdienste in Köln. *Deliveroo*, eine türkisfarbene Känguruhorde (für alle, die es nicht wissen: Ein Kängurukopf war damals das Logo der Firma) und ihres Zeichens ärgster Konkurrent von *Foodora*, rekrutierte mit schamlosem Enthusiasmus viele ehemalige Rider der Konkurrenz. Die Expansionswut musste gefüttert werden, damit das rasant wachsende Liefergebiet abgedeckt werden konnte. Bediente *Deliveroo* im ersten Monat nur drei Stadtteile, dauerte es nicht lange, bis sie fast alle linksrheinischen Viertel Kölns belieferten. Das war der Grund, warum ich mir keine Sorgen machte. *Deliveroo* würde mich schon nehmen.

9 Different, but same same

»Die tun cool, behandeln ihre Mitarbeiter aber schlecht. Das ist sozialpolitischer Wilder Westen.«

Hubertus Heil, Bundesarbeitsminister, über Lieferdienste

Natürlich hat *Deliveroo* mich in seine Riderriege aufgenommen. Schließlich war ich in dem Job jetzt bereits ein Jahr unterwegs, ein alter Hase mit Erfahrung im Straßenkampf auf dem Rad. Zudem war *Deliveroo* auf Expansionskurs und suchte händeringend junge Menschen wie mich. Männer und Frauen, die die miese Bezahlung akzeptierten und offenbar so viel Disziplin hatten, dass sie nach einem Jahr auf der Straße noch nicht desillusioniert genug waren, um nach einem anständigen Job Ausschau zu halten. Menschen, die nicht mal das Rad wechselten, sondern nur dessen Beflaggung. »Weiter, immer weiter…«, hat mal ein berühmter Fußballtorwart gesagt.

Für mich änderte sich zunächst wenig: andere Farbe, gleicher Mist. Meine Lieferbox war jetzt türkis statt pink. Nicht mal ästhetisch eine Verbesserung. Was meine Arbeitsbedingungen anging, hatte sich auch nicht viel geändert. Erneut war ich in einem befristeten, diesmal sechs Monate langen Arbeitsverhältnis gelandet und durfte wieder alle Arbeitsmittel bis auf die Box selbst stellen. Im Büro von *Deliveroo* hockten die gleichen charakterlosen Start-up-Nasen, die uns Rider mit kaum verhohlener Verachtung begegneten. Die bereits bekannte Zwei-Klassen-Struktur innerhalb einer Firma beherrschte auch hier das Arbeitsklima. Das war an vielen kleinen Fronten spürbar, die in der Summe ein klares Schema ergaben: wir da oben, ihr da unten. Das Büropersonal und die Führungsriege traf sich zum Beispiel einmal in der Woche zum fröhlichen gemeinsamen Mittagessen, alles gesponsert natürlich von der Firmenzentrale in London. Es wirkt vielleicht wie eine Nichtigkeit, war aber symptomatisch für die vielen Privilegien, die dort gerne in Anspruch genommen wurden, während wir nicht mal Reparaturkosten für unsere Räder in Rechnung stellen durften – von den Anschaffungskosten und unseren Arbeitsklamotten mal ganz abgesehen.

Einen Justus hatte *Deliveroo* in Köln natürlich auch. Im Vergleich zum alerten *Foodora*-Justus war das eher ein bräsiger Mensch mit einem sehr lockeren Verhältnis zur Körperhygiene. Nennen wir ihn Peter, weil ein hipperer Name wirklich nicht zu seiner Person passen würde. Es handelte sich bei ihm um einen scheinbar früh frustrierten und halb pubertären fünfunddreißigjährigen Kerl, der ganz offenbar mehr Ahnung von Computerspielen als von seinem Job als »Standortleiter« hatte. Er war auch kein allzu großer Menschenfreund, unser Peter. Eine Originalaussage von ihm habe ich in der Büroküche der Firma selbst mit angehört, im Beisein von einigen Mitarbeitenden aus seinem Bürokosmos:

»Es wird immer genügend Rider geben, denen es dreckig genug

geht, um jede Schicht und Order anzunehmen. Wenn irgendwer meckert, hat er Pech gehabt. Weg mit dem Stinkstiefel, zack, zack!«

Kommentiert wurde dieser zutiefst respektlose Rant von hässlichem Beifallgegacker, wohl in der Hoffnung, ein bisschen Wohlwollen vom Standortboss abzugreifen. Oder sie dachten tatsächlich genauso abfällig wie er über uns Rider. Ich wüsste nicht, was ich widerwärtiger finden sollte.

Ein Trauerspiel alles in allem. Und ein Mysterium. Wie konnte es den Bossen in den Lieferdienstzentralen entgangen sein, dass nicht sie selbst die alleinigen Garanten des Firmenerfolgs waren, sondern die Fahrer selbstverständlich dazugehörten? Die waren es doch schließlich, die jeden Tag mit den beiden Eckpfeilern der eigentlichen Geschäftsidee – den Restaurants und den Kunden – in Berührung kamen und die Firmen mit ihrer Erscheinung und ihrer Persönlichkeit repräsentierten. Sie waren es, die den Kontakt zu den Köch:innen und Kellner:innen hielten, in den Restaurants verbindlich bekannt waren und im besten Fall so etwas wie Identifikation mit Produkt und Firma herstellten. Und sie waren es auch, die dem Endverbraucher, dem hungrigen Kunden also, das Essen überbrachten und das Gesicht des Lieferdienstes dauerhaft prägten. Ist es so schwer zu verstehen, dass es hilft, wenn die Rider sich mit der Firma identifizieren würden, bei der sie arbeiten?

Die nigerianische Journalistin Kelechi Udoagwu schrieb im Dezember 2021 einen interessanten Artikel unter der Überschrift »Warum Start-ups scheitern«. Tatsächlich ist ja bekannt, dass rund 90 Prozent aller Firmengründungen – und nichts anderes bedeutet der wohlklingende Begriff »Start-up« – scheitern, die meisten davon schon im ersten Jahr. Ein Grund unter vielen, aber auch kein unwesentlicher Punkt ist die fehlende Identifikation der Mitarbeitenden mit der Idee, dem Produkt und/oder der Firmenkultur des jeweiligen Start-ups. Oder wie es Udoagwu beschreibt: »Mit dem richtigen Team steigen die Erfolgschancen von Start-ups. Die

Mitarbeiter sollten von der Vision und Reputation des Unternehmens überzeugt sein und beidem große Bedeutung beimessen. Im Gegenzug müssen Gründer und Unternehmen ein Arbeitsumfeld schaffen, in dem Mitarbeiter ihr Potenzial voll ausschöpfen können. Innovation, Flexibilität und die Umsetzung von Zielen sind nur mit Vertrauen und Harmonie im Team wirklich möglich.«

Vertrauen im Team, das gab es höchstens unter uns Fahrern. Ein gemeinsames Feindbild – unser Arbeitgeber – sorgte dabei eher unfreiwillig für Gesprächsthemen und eine tiefere Verbundenheit unter uns Ridern, das war's aber auch schon mit der Harmonie. Warum wir dann überhaupt über *Deliveroo* reden müssen, wenn die Umstände dort genauso mies waren wie bei *Foodora*? Ganz einfach, kleine Unterschiede gab es schon: Rider waren bei *Foodora* fast alle fest angestellt, wenn auch zu schlechten Konditionen. Bei *Deliveroo* konnte man sich als Rider auch für die sogenannte Soloselbstständigkeit entscheiden. Das hieß, dass man offiziell auf eigene Rechnung fuhr und alle Freiheiten eines selbstständigen Arbeitnehmers genoss. Allerdings nur auf dem Papier. Denn bezahlt wurden die soloselbstständigen Rider pro übernommenem Auftrag. Um nach diesem System ein wenig mehr als den damaligen Mindestlohn zu erhalten, musste man mindestens zwei, idealerweise sogar drei Aufträge pro Stunde erledigen. Doch wie viele Aufträge man überhaupt übernehmen konnte, war als Rider kaum zu beeinflussen: Die Anzahl war extrem abhängig davon, wie die Aufträge an sich abliefen, wie Wetter- und Verkehrsbedingungen aussahen, wie fit man als Rider körperlich und mental war – und welche Jobs die App einem zuschob. Denn eine App mit einem entsprechenden Algorithmus gab es natürlich auch bei meinem neuen Arbeitgeber.

Soloselbstständigkeit hatte den Vorteil, dass die Rider durchaus Aufträge ablehnen konnten. Sie bestimmten selbst, wie eng die Taktung ihrer Fahrten sein sollte. Doch der Algorithmus verzeichnete auch bei ihnen jede abgelehnte Order. Schon bald bekam ich mit, dass sich eine ganze Horde an Soloselbstständigen darüber beschwerte, nur noch schlechte und damit für sie wenig profitable Aufträge zu erhalten, zum Beispiel mit maximal langen Anfahrtsstrecken. Wenn man ganz viel Pech hatte, konnte es mit Anfahrt und Wartezeiten durchaus vorkommen, dass man für einen einzigen Auftrag bis zu neunzig Minuten brauchte. Man kann sich kaum vorstellen, wie schlecht die Bezahlung für die Soloselbstständigen in einem solchen Fall aussehen musste.

Den Vorwurf, es handle sich bei den Ridern um »Scheinselbstständige« und *Deliveroo* würde in diesem Fall der Sozialversicherung unrechtmäßig fällige Abgaben vorenthalten, konterte die Firma damals mit der wachsweichen Rechtfertigung, dass ihr Geschäftsmodell eine ganz neue Art des Arbeitens verkörpere. Dieses Modell sei auch schon von einem Gericht als zeitgemäß und marktkonform befunden worden. Eine neue Form des Arbeitens? Das glaube ich sofort – eine, in der Lohnarbeiter:innen um den Mindestlohn gebracht wurden, ohne sich dagegen wehren zu können. Eine Geschichte, so alt wie die Menschheit selbst, nun halt recycelt unter dem Deckmäntelchen der coolen Start-up-Attitüde. Denn das gilt ja als ausgemacht: Start-ups sind jung, cool und sympathisch!

Die Wahrheit sieht leider ganz anders aus. Es gibt immer häufiger Unternehmen, die sich als Start-ups bezeichnen, aber in Wahrheit keine sind. Vielmehr stecken hinter ihnen knallharte und oft milliardenschwere Aktienunternehmen. Um das zu verdeutlichen, müssen wir etwas detaillierter über *Deliveroo* und die Start-up-Szene im Allgemeinen sprechen.

Deliveroo ist 2013 in London von zwei jungen Männern gegründet worden. Doch dem Mythos einer Firma, die in einer nerdigen Garage entstand und so etwas wie eine solidarische Firmenkultur unter den – womöglich auch noch fair bezahlten – Mitarbeitenden wachsen ließ, hat *Deliveroo* nie entsprochen. Mit der Hilfe von Investoren, die dreistellige Millionenbeträge in die Firma pumpten, wurde das Geschäft in mehreren Ländern gleichzeitig angekurbelt. Zwischenzeitlich operierte *Deliveroo* in Irland, Spanien, Italien, Frankreich, Belgien, den Niederlanden, in Australien, Hongkong, Dubai und Singapur. Wenn Big-Player-Investoren im Spiel sind – und damit meine ich wirklich *Big-BIG!* –, geht es bekanntlich selten darum, ein nachhaltiges Geschäft aufzubauen. Kurzfristige Erfolgsmeldungen sind gefragt, man möchte in kurzer Zeit einen hohen Unternehmenswert generieren, um bei einem möglichen Börsengang der Firma später einen riesigen Reibach zu machen. Und all das selbst dann, wenn die objektive Ertragslage diesen Hype nicht rechtfertigt. So funktioniert das Start-up-Game häufig eben, das ist keine Überraschung.

Ebenfalls wenig überraschend war, was der SPIEGEL schon 2016 über *Deliveroo* und seine Geschäftspraktiken schrieb: »Das Unternehmen ist offenbar ein Verfechter der Prinzipien der sogenannten *Gig Economy*, nach denen Mitarbeiter ein lästiger Kostenpunkt sind, den es zu minimieren gilt.« Gig Economy bezeichnet in diesem Kontext einen Teil des Arbeitsmarktes, der Aufträge kurzfristig an Freiberufler oder geringfügig beschäftigte Arbeitnehmer:innen vergibt. Die Nachteile einer solchen Gig Economy für den oder die Arbeitnehmer:in liegen auf der Hand: Zwischen Arbeitgeber beziehungsweise dem Erteiler dieser kurzfristigen Aufträge und den beschäftigten Lohnarbeiter:innen besteht weder eine nennenswerte Bindung noch eine wie auch immer geartete Loyalität. Die Unternehmen nutzen nicht nur ihre Marktstellung, sondern oft auch die prekäre Situation ihrer Beschäftigten aus und gehen ihrerseits keinerlei Verpflichtungen ein. Um es auf den Punkt zu bringen: Das unternehmerische Risiko lastet bei einem Geschäftsmodell wie den Fahrradlieferdiensten überproportional auf den Schultern der Rider. Etwas Ähnliches gilt häufig auch für Start-ups – oder vielleicht sogar *gerade* für Start-ups. Denn in ihrem Fall geschehen ähnliche Dinge auf perfide, hinter bunten Fassaden versteckte Weise und es zeigen sich nicht so offensichtlich Mängel wie in konventionellen Unternehmensstrukturen.

Aber was ist eigentlich ein Start-up wirklich, was verbirgt sich hinter dem Begriff? Das Durchschnittsalter der Mitarbeitenden in vielen Start-ups liegt bei unter dreißig Jahren. Auch in den Führungsetagen gibt es seltener als in anderen Unternehmen Menschen über fünfunddreißig. Im bundesweiten Schnitt sind 30 Prozent der Start-up-Mitarbeitenden aus dem Ausland. Auf der Website der Industrie- und Handelskammer Leipzig liest man zur Definition des Begriffs Start-up: »Ein Start-up unterscheidet sich insoweit von einer ›normalen‹ Existenzgründung, dass es sich hierbei um die Gründung eines Unternehmens mit einer innovativen Geschäftsidee handelt, mit der ein häufig noch zu entwickelnder Markt betreten wird.« Klingt nüchtern und sachlich? Hat aber mit dem gehypten Image von Start-ups wenig zu tun. Man denkt bei diesem Begriff gleich ans Silicon Valley und an den American Dream, Motto »Vom Tellerputzer zum Millionär«. Warum das so ist, erscheint logisch aus der Perspektive von Firmengründern: Sie haben ein großes Interesse daran, das Arbeitsumfeld ihrer Start-ups in den buntesten Farben auszumalen. Es dient ihren ökonomischen Zielen, mit extrem motivierten und unkritischen Mitarbeitern zu operieren, weil sie üblicherweise nur mit einem begrenzten Startkapital arbeiten und dementsprechend darauf angewiesen sind, schnell zu wachsen, um als Unternehmen zu überleben. Zusammengefasst heißt das: In Start-ups muss alles extrem schnell über die Bühne gehen, oft auf Kosten der Mitarbeitenden. Die Begleiterscheinungen dieser Umstände sind entsprechend unerfreulich: Die Löhne für Mitarbeitende sind häufig niedrig, im

Falle der Lieferdienste herrscht eine engmaschige Überwachung und Gewerkschaften und Tarifverhandlungen werden abgelehnt. Daran ist kaum etwas hip oder cool.

Schaut man sich innerhalb der Start-up-Szene um, dann hört man seitens der Mitarbeiter:innen häufig Relativierungen ihrer harten Arbeitsbedingungen. Sie legitimieren das Verhalten ihrer Arbeitgeber mit den vermeintlichen Wohlfühloasen, die die Unternehmen schaffen und in der die Mitarbeitenden ihrem Job nachgehen können.

Intern werden flache Hierarchien, täglich aufgefüllte Obstschalen, manchmal sogar ein tägliches kostenloses Mittagessen von einem besonders hippen Streetfoodrestaurant angeboten, um zu zeigen, wie grandios die schöne neue Arbeitswelt der Start-ups sein kann. Vorzüge wie diese verwandeln den eigenen Arbeitsplatz in einen Ort, in dem man neben den zwölf Arbeitsstunden auch gleich seine Freizeit verbringt, Wochenende inklusive. Das alles findet statt in lässig designten Büro- und Entspannungsräumen, eingerichtet mit Playstation, Tischtennisplatten und Kickertischen, fast wie in der Kneipe nebenan. Wen jucken bei so einem überwältigenden Goodie-Angebot noch die Arbeitsbedingungen? In der *Deliveroo*-Zentrale in London gab es sogar mal ein hausinternes Fitnessstudio plus Basketballhalle. Wer täglich in diesem »Paradies« zur Arbeit kommen darf, vergisst möglicherweise ja, dass er saumäßig schlecht bezahlt wird und viel zu lange Arbeitszeiten ableistet. Vergisst, dass ihm jederzeit gekündigt werden kann, ohne dass er den Schutz und die Beratung einer Gewerkschaft in Anspruch nehmen kann – anders, als es bei Beschäftigten in vielen konventionellen Firmen der Fall ist.

Mich erinnert diese gefühlt allgegenwärtige Romantisierung der Start-up-Kultur an ein Zitat von Karl Marx, der sagte: »Religion ist das Opium des Volkes.« Religion war für ihn sinnstiftend für die Arbeiter:innenklasse. Die Menschen fanden in ihr etwas, woran sie sich klammern konnten, während die Ausbeutung allgegenwärtiges Elend verursachte. Gleichzeitig legitimierte die Religion auch die Arbeitsbedingungen und das Leid. Religion spielt heute eine kleinere Rolle, das gebe ich zu. Das »Paradies«, das der Arbeitgeber vermeintlich schafft, ist aber vielleicht das neue Opium.

Über organisierte Arbeitnehmer:innenschaft hingegen wird im so fortschrittlich auftretenden Start-up-Milieu abschätzig gelacht, weil man dort Gewerkschaften für *outdated* hält. Bei »traditionellen« Unternehmen gibt es dagegen häufiger eine gewerkschaftliche und betriebsrätliche Mitbestimmung, die dazu führt, dass Mitarbeitende messbar produktiver und glücklicher mit ihrer Arbeit sind und, nicht unwesentlich, auch deutlich mehr Freizeit haben.

Gerade in den Medien, der Politik und der Öffentlichkeit wird die Start-up-Szene als gut geölte Maschine kreativer Innovation und automatischer Wohlstandsvermehrung angepriesen. Nicht selten wird damit bei jungen Menschen die Hoffnung geschürt, irgendwann mal selbst ein Start-up zu gründen, auf diese Weise reich zu werden und in unserer Klassengesellschaft aufzusteigen. Das führt dazu, dass man die Hintergründe der Start-up-Szene bereitwillig verklärt und die Realitäten ausblendet. Formate wie »Höhle der Löwen« machen Firmengründungen zu einem TV-Spektakel und ein Wettkampfspiel um die Gunst von reichen Investor:innen. In lustigen Reels auf Instagram und TikTok scheint es, als würde die Arbeit hauptsächlich aus *After-Work-Hangouts*, Bürohunden und lustigem Miteinander bestehen. Der Gipfel des Zynismus waren in meinen Augen sogenannte Pink-Slips-Partys in den frühen Nullerjahren. *Pink slips*, also »rosa Scheine«, werden Arbeitnehmer:innen in den USA bei einer Kündigung ausgehändigt. Auf den Pink-Slips-Partys sollten die von Start-ups gerade »freigestellten« (gekündigten!) Mitarbeitenden gemeinsam mit potenziellen neuen Arbeitgebern feiern und tanzen und bei dieser Gelegenheit einen neuen Job im nächsten Start-up finden. Und von solchen gefeuerten Mitarbeiter:innen gab (und gibt) es jede Menge, denn wir erinnern uns: Neun von zehn Start-ups scheitern.

Hinter Start-ups stehen in der Regel eben keine altruistischen »Business Angels«, die sich besonders zufriedene Mitarbeitenden und soziale Sicherheiten für diese wünschen, sondern knallhart ökonomisch denkende Investoren, die den Idealismus und die hohe Motivation ihrer oft sehr jungen Mitarbeiter:innen ausnutzen und häufig keinerlei soziale Verantwortung für sie übernehmen.

Viele dieser Probleme beschreibt der Journalist Nicholas Potter schon 2018 in der *taz:* »Start-ups versprechen eine neue Arbeitskultur, die aufregend, progressiv und liberal wirkt. [...] Damit wollen Gründer*innen kreative Köpfe und clevere Coder*innen ködern.« Auch er hebt hervor, wie eine »Airbnb-Ästhetik« die Verschmelzung von »Arbeit und Freizeit« fördere und wie Mitarbeitende dazu gebracht würden, »Teil der Familie« werden zu wollen.

Die Businessmodelle der Start-ups seien nur sehr selten von großen gesellschaftlichen Fragen angetrieben, die das Leben von Menschen tatsächlich verbessern könnten, stellt Potter außerdem fest und kritisiert die Arbeitsbedingungen: »Viele Start-up-Mitarbeiter*innen sind prekär beschäftigt, hangeln sich von Probezeit zu Probezeit, von Befristung zu Befristung. Das Arbeitsgesetz sieht vor, dass Mitarbeiter*innen maximal zwei Jahre befristet werden dürfen, Start-ups nutzen das gern aus. Man muss sich ständig unter Beweis stellen, es wird wenig Sicherheit geboten.«

Zum Glück hat auch die Politik die Methoden der Start-ups inzwischen zur Kenntnis genommen und versucht sukzessive, die Spielregeln in diesem recht neuen Universum der Arbeitswelt neu zu ordnen. Arbeitsminister Hubertus Heil hat sich schlaugemacht, was die systemischen Zumutungen der Lieferdienste angeht: »Die tun cool, behandeln ihre Mitarbeiter aber schlecht. Das ist sozialpolitischer Wilder Westen.« Und: »Wenn Menschen neue Plattformen als Raubbau an ihren Rechten erleben, dann wird der Ruf nach staatlichen Mindestspielregeln per Gesetz eben immer größer.«

Die politische Realität sah aber lange so aus, dass die betroffenen Arbeitnehmer:innen selbst aufgefordert waren, die bestehenden Verhältnisse zu verändern. Doch das steht im Konflikt mit den Rahmenbedingungen, die insbesondere Start-ups schaffen: »Das Arbeitsumfeld eines Start-ups ist entpolitisiert. Die Idee ist: Wer Spaß beim Arbeiten hat, leistet gern Überstunden, braucht keine Gehaltserhöhung und muss sich nicht politisch organisieren. Betriebsräte gibt es so gut wie nie. Die meist junge, unerfahrene und internationale Belegschaft weiß oft sowieso nicht, was das sein soll«, schreibt Nicholas Potter dazu.

Meine Erfahrung hat mich gelehrt: Wer auf die Politik hofft, um seine eigenen Lebens- und Arbeitsumstände zu verbessern, bleibt oft fremdbestimmt. Häufig liegt es am Ende des Tages an uns, ob wir an einem Veränderungsprozess mitwirken. Ansonsten überlassen wir es den falschen Menschen, Politik für uns zu machen. So wie wir Rider bei *Deliveroo* an einem bestimmten Punkt angefangen haben, unsere Rechte einzufordern und uns erstmals gewerkschaftlich zu organisieren. Ich hätte nie gedacht, dass ein schlichter Foodrider einmal Betriebsratsvorsitzender innerhalb eines globalen Konzerns sein würde. Bis ich selbst einer war.

10 Es bewegt sich was

»Mitbestimmung ist ein ganz wesentlicher Beitrag zur Zivilisierung des Kapitalismus.«

Johannes Rau, ehemaliger Bundespräsident

Im Winter 2017/18 hatte sich nicht viel geändert. Ich arbeitete immer noch als Rider, immer noch bei *Deliveroo*, ging immer noch zur Abendschule. Mit der schlechten Bezahlung für einen harten Job hatten meine Kolleg:innen und ich uns weitestgehend abgefunden. Was allerdings neu war: In den letzten Monaten war es immer wieder zu Unregelmäßigkeiten und Unstimmigkeiten in unseren Lohnabrechnungen gekommen. Viele Rider hatten gar kein Geld erhalten, andere viel weniger, als ihnen zustand. Verantwortlich dafür sei nicht etwa ein Kapitalproblem der Mutterfirma in Großbritannien, ließ man uns wissen, sondern schlicht die Umstellung eines komplexen Abrechnungssystems. Das wurde uns jedenfalls achselzuckend so kommuniziert. Und wir? Hatten das einfach so hinzunehmen. Andersrum war es ein absolutes No-Go, auch nur etwas zu spät unsere Schichten anzutreten oder – aus welchen Gründen auch immer – auf einem Auftrag einmal langsamer zu fahren, als von der App vorgegeben. Dass unsere Unzufriedenheit unter diesen Umständen mit der Zeit größer wurde, leuchtet ein. Zumal wir Rider uns in den letzten Monaten zu einer eingeschworenen Truppe entwickelt hatten.

Unser Teamgeist war eher beiläufig entstanden, denn wir bedienten ein umfangreiches Liefergebiet in Köln. Dabei waren wir in der Regel einzeln unterwegs und begegneten uns eher selten. Den Großteil unserer Arbeitszeit waren wir *lonesome rider*, allein im kuriosen kölschen Großstadtdschungel. Da wir, wie in jedem Büroalltag gang und gäbe, hin und wieder einmal ein freundliches Wort wechseln wollten, hatte es sich eingebürgert, dass wir uns nach Schichtende trafen.

Dafür boten sich Treffpunkte an, die in der Nähe der Log-in-Stationen lagen, die wir alle kannten und von denen aus wir in unsere Lieferschichten starteten. Einer davon lag am Kölner Stadtgarten. Nach dem Ende des Arbeitstages also kehrten viele Rider dorthin zurück, um den Feierabend zu genießen und um sich auszutauschen. Unsere Gespräche unterschieden sich wahrscheinlich kaum von denen unter Bürokolleg:innen: Wir Rider machten alle ähnliche Erfahrungen und hatten ähnliche Probleme, konnten uns über amüsante oder unangenehme Kunden austauschen, die Vorfälle in den einzelnen Restaurants abgleichen. Man möchte seine Anekdoten ja in der Regel jemandem erzählen, der im gleichen Business unterwegs ist und sofort weiß, wovon man redet. Einen wohlwollenden Zuhörer, der all die schrägen Momente des Jobs auch schon einmal erlebt hat – und der ebenso wie man selbst unter den Maßnahmen und allgemeinen Zumutungen der Geschäftsleitung leidet. Unfreiwillig hatte *Deliveroo* mit dem Log-in-Punkt am Stadtgarten eine Art Kommunikationszentrum für seine Fahrer etabliert. Abends trafen sich manchmal je nach Wetterlage zwischen zwanzig und dreißig Leute dort. Wir haben oft gewettet, wer der Pechvogel sein wird, der den letzten Auftrag erhält und kurz vor Schluss noch mal rausmuss. Den haben wir dann stabil ausgelacht, aber natürlich auch auf ihn gewartet. Ehrensache.

Anschließend verbrachten wir gerade im Sommer lange Abende gemeinsam. Wir lachten und ärgerten uns und tranken das ein oder andere Kölsch, manchmal auch eins zu viel. Genau diese familiäre Atmosphäre und die dadurch entstandene Solidarität untereinander hat uns über so manches Ärgernis des Jobs hinwegsehen lassen.

Ich war zu der Zeit bereits ein sogenannter *Rider Captain*. Das hieß, dass ich bestimmte administrative Dinge mit meinen Kolleg:innen, den anderen Ridern, selbstständig regeln konnte. Es ging zum Beispiel darum, Dienstpläne zu koordinieren, bei Problemen weiterzuhelfen oder Nachfragen zu beantworten. Auf diesen Job hatte ich mich nie beworben, sondern war von unserer Kölner Geschäftsleitung eines Tages gefragt worden, ob ich das gern machen würde.

So eine Beförderung interessierte mich zwar, gleichzeitig fragte ich mich, was ich davon haben würde, wenn ich nun zusätzliche Aufgaben für die Firma übernahm. Es sah zwar so aus, als würden nur ein paar Telefonate in der Woche auf mich zukommen, aber wo war der Haken? Recht bald wurde mir klar, dass es sich um kein ganz einfaches Angebot handelte: Möglicherweise würde der neue Titel, *Rider Captain,* mein Verhältnis zu den Kolleg:innen belasten, wenn ich jetzt auf einmal vermeintlich »etwas Besseres« als die meisten von ihnen war. Dieser Gedanke kam unter anderem daher, dass in meinen Augen die Installation der *Captains* auch ein Mittel dazu war, die Konkurrenz unter den Ridern, wie bei vielen anderen Gelegenheiten, weiter anzuheizen.

Trotzdem trat ich den neuen Job an. Es war eine Position, in der ich versuchen konnte, zwischen den Ridern und der Geschäftsführung zu vermitteln – auch wenn ich mir dabei nicht in die Tasche lügen darf: Im Zweifel machte die Geschäftsführung natürlich, was sie wollte. Doch zum Glück isolierte mich meine neue Position nicht wie befürchtet von den anderen Ridern oder entzweite mich und das Team. Das Gegenteil war der Fall: Ich stand in Konfliktsituationen oft auf der Seite meiner Kolleg:innen und arbeitete somit eher im Interesse der Rider, in *unserem* Interesse, als in dem der Firma. Die freundschaftliche Solidarität unter uns war einfach stärker und die Skepsis gegenüber unseren Arbeitsbedingungen über die Jahre, die ich den Job schon machte, immer weiter gewachsen.

Bleibt an dieser Stelle noch die eingangs gestellte Frage, was durch die ganze Beförderungssache eigentlich für mich übrig blieb. Die Antwort: lächerliche fünfzig Cent mehr Lohn pro Stunde.

Durch die relative Nähe zur Geschäftsführung, die mein neuer Verantwortungsbereich mit sich brachte, suchten die anderen Rider immer häufiger bei mir Antworten auf ihre Fragen. Das betraf vor allem die Unregelmäßigkeiten bei den Lohnauszahlungen.

»Was ist da los? Wo bleibt unser Geld? Verarschen die uns?«, fragte mich ein Kollege irgendwann. Natürlich konnte ich dazu nichts Weltbewegendes sagen, es war schließlich nicht so, als hätte man mich ins Vertrauen gezogen. Ich wusste zu diesem Zeitpunkt allerdings schon, dass *Deliveroo* keineswegs ein kleines »Start-up-Licht« war, dem die Bank Fesseln anlegte und das deshalb mit den Lohnauszahlungen in Verzug geraten war. *Deliveroo* wurde von einem Konzern aus London gesteuert und war auf globale Expansion ausgerichtet. Wachsen, wachsen, wachsen. Außerdem: Kosten minimieren. Egal, wie sich die Belegschaft dabei fühlte. Das »Wir sind ein cooles Start-up in Lofts mit Kicker und cooler Kantine«-Ding war reine Augenwischerei.

Entsprechend sauer waren wir alle, als uns in der Vorweihnachtszeit 2017 eine Mail erreichte. Der Wortlaut dieser Mail ist heute leider nicht mehr ganz präzise zu rekonstruieren, aber inhaltlich enthielt sie viel gute Laune, den Wunsch, dass wir mit unseren Liebsten ein schönes Weihnachtsfest feiern sollten – und den Hinweis darauf, dass eine Lohnauszahlung zum Jahresende wegen Problemen beim Lohnbuchhaltungsdienstleister vorerst ausbleiben würde. Weil das ärgerliche Problem mit der Buchhaltung allerdings jetzt schon länger existiere, so hieß die Mail sinngemäß, würde jeder, der davon betroffen war, pauschal 150 Euro ausgezahlt bekommen. Auch um uns allen eine schöne Weihnachtszeit zu ermöglichen.

Die Mail war ein Schlag in die Magengrube. Sie brachte das Fass zum Überlaufen. Wir fühlten uns von unserem Arbeitgeber abgespeist wie Kinder, denen man Taschengeld auszahlt. Im Nachhinein würde ich sagen: *Das* war der Moment, in dem wir zum ersten Mal richtig aufbegehrten – auch wenn wir zu diesem Zeitpunkt noch keine Ahnung hatten, wie wir das effektiv anstellen konnten. Unser erster Impuls im Zorn war jedenfalls falsch.

»Diese verdammten A…«, knurrte ein Kollege bei einem Feierabendbier im MediaPark, dem zweiten Treffpunkt, der sich etabliert hatte. »Es ist kurz vor Weihnachten und wir sollen auf unser Geld warten? Schon wieder?«

Viele von uns stimmten in den Frust mit ein und einige nickten sogar dann noch, als jemand aus der anarchistischen Ecke mit dem hoffentlich nicht ganz ernst gemeinten Vorschlag »Man könne den Scheißladen doch einfach abbrennen?« um die Ecke kam. Mag sein, dass genau das die vorherrschende Stimmung in diesem Moment unter uns Ridern abbildete, doch zum Glück war auch die Stimme der Vernunft noch leise zu hören.

»Davon kommt das Geld auch nicht rein!«, kommentierte einer den Abfackelvorschlag.

»Dann schlag was Besseres vor!«, erwiderte der Anarchist nur wütend.

Die Diskussion, was genau zu tun sei, ging eine Weile hin und her, bis wir uns – gleichzeitig aufgebracht und resigniert – für den radikalsten Schritt entschieden, knallhart: Kündigung. Alle. Wir wollten *Deliveroo* im Regen stehen lassen, samt Kundenstamm und Boxenstapeln. Die können uns mal!

»Die Einzigen, die am Ende im Regen stehen, seid ihr selbst! Wenn ihr heute kündigt, haben die euch schon morgen ohne Probleme ersetzt. Am Ende seht ihr euer Geld nie wieder«, schnauzte einer aus unseren eigenen Reihen uns plötzlich an. »Habt ihr schon einmal daran gedacht, euch gewerkschaftlich zu organisieren und zu kämpfen, statt vor Deliveroo zu kapitulieren?«

Der Satz war noch nicht ganz ausgesprochen, da verstummte die vorher so laute und lebhafte Diskussion komplett. Stille. Man hätte eine Stecknadel fallen hören können.

»Gewerkschaft?«, wiederholte jemand das Reizwort, so als beschriebe er einen lästigen Hautausschlag. »Ernsthaft jetzt?«

Der Kollege, der den Vorschlag gemacht hatte, lächelte nachsichtig.

»Genau: Gewerkschaft. Was ist so schlecht daran?«

Der Kollege, der uns an diesem Punkt unserer Karrieren als Rider davon abhielt, einen verhängnisvollen Fehler zu machen und ohne Absicherung zu kündigen, hieß Keno Böhme. Ich habe ihn in bester Erinnerung, er hat uns mit dem Thema »Gewerkschaften« in Berührung gebracht und die ersten Versuche, uns selbst zu organisieren und für unsere Rechte einzutreten, mit Fachkompetenz und Tatkraft begleitet. Wer weiß, wo wir heute ohne ihn stünden? Leider weilt Keno Böhme nicht mehr unter uns, er wurde nur dreiundzwanzig Jahre alt. Ich möchte aus einem Nachruf der Website »Arbeitsunrecht in Deutschland« zitieren, um zu verdeutlichen, was für ein bemerkenswerter junger Mensch Keno Böhme war und wie sehr wir ihm zu Dank verpflichtet sind.

> »Wir haben Keno durch gemeinsame Organisierung und den Kampf für Arbeitsrechte kennen- und schätzengelernt. Keno war ein begeisterter Radfahrer und Fahrradkurier für *Deliveroo* und *Lieferando*. Er liebte es, sich mit KollegInnen zu treffen, ein Bier zu trinken oder einfach das offene Gespräch zu suchen. Seine charakterlichen Begleiter waren Einsichtsfähigkeit, die Offenheit für Neues, aber auch eine Impulsivität, mit der er Angelegenheiten verfolgte, vor allem sein innerer Antrieb, die Rider zu organisieren. Er hat die Betriebsratsgründungen bei *Foodora* und *Deliveroo* in Köln unterstützt sowie Betriebsratswahlen im Bundesgebiet generell. 2018 wechselte er als Projektsekretär zur Gewerkschaft Nahrung-Genuss-Gaststätten, um in einem professionelleren Rahmen die Arbeitsbedingungen der Lieferdienste zu verbessern.«

Keno war damals der richtige Mann im richtigen Moment für uns in Köln. Seine persönlichen Erfahrungen als Rider schafften Vertrauen. Seine Kontakte zur Gewerkschaft Nahrung-Genuss-Gaststätten, die umgangssprachlich von allen nur NGG genannt wurde, führten dazu, dass wir uns ohne Vorbehalte und Misstrauen überhaupt auf die Idee eines gewerkschaftlichen Engagements einlassen konnten.

Wobei meine erste Reaktion auf Kenos Vorschlag nicht besonders begeistert ausfiel. Klar, es elektrisierte mich, unter Umständen eine Möglichkeit gefunden zu haben, unseren Arbeitgeber vielleicht in die Enge zu treiben. Gleichzeitig empfand ich ein ebenso tiefes Misstrauen gegenüber einer Institution wie der Gewerkschaft wie gegen alle politischen Institutionen generell. Was konnten diese Leute für mich tun? Bisher war mein Motto gewesen: *Fuck that!*

»Wahrheit und Politik leben selten unter einem Dach«, wusste schon Stefan Zweig. Und ich, ich wollte nichts mit Politik zu tun haben. Politik war in meinen Augen etwas für *weiße* Menschen. Die interessierten sich eh nicht für uns. Und die, die Politik machten, sahen genauso aus wie Justus im *Foodora*-Büro und die Kunden, denen wir kurz vor Schichtende Sushi ausliefern durften. Mein ganzes Leben lang waren es immer *weiße* Menschen wie diese gewesen, die mir gnadenlos vermittelten, dass ich Schwarz, anders und offenbar weniger wert sei. Und dann war ich auch noch schwerbehindert. Egal wie sehr ich versucht hatte, mich anzupassen und meinen Platz zu finden in dieser Gesellschaft – stets wurde ich von einer Art gläsernen Decke davon abgehalten, wirklich akzeptiert zu werden, mitspielen zu dürfen in diesem Leben, in dem ich angeblich die gleichen Chancen auf die Verwirklichung meiner Träume haben sollte wie jeder andere Bürger. Deswegen war auch mein natürlicher erster Gedanke: Warum sollte es bei diesen Gewerkschaften anders sein? Das waren doch nicht meine *people*. Wussten die überhaupt, was es heißt, in Deutschland Schwarz und schwerbehindert zu sein?

Und noch ein Punkt machte mich erst einmal skeptisch: Gerade erst hatten uns mit *Foodora* und *Deliveroo* schon zwei knallharte Unternehmen vorgaukeln wollen, wir Rider und die Firma seien eine lässige Solidargemeinschaft, in der alle an einem Strang ziehen und so weiter. Tatsache war aber, dass sie uns auf eine respektlose Weise behandelten, um ihre ökonomischen Interessen durchzusetzen. Das mit der Solidarität war nur eine Schimäre, ein schlechter Witz, über den BWL-Justus und seine Kolleg:innen in ihrem Office lachten. Der Gedanke, einer politischen Organisation zu vertrauen, die sich Solidarität auf die Fahne schrieb und von der man eigentlich nur enttäuscht werden konnte, löste eiskalte Schauer in mir aus.

Misstrauisch schaute ich den Keno deshalb an, der nun all unsere Aufmerksamkeit auf sich gezogen hatte. Er erzählte uns von zwei jungen Frauen von der NGG, zu denen er bereits Kontakt geknüpft hatte. Anscheinend hatten sich die beiden Gewerkschaftssekretärinnen mit dem schäbigen Verhalten unserer Arbeitgeber befasst und warteten schon seit längerer Zeit darauf, mit uns zusammen für bessere Arbeitsbedingungen zu kämpfen. Sie seien jederzeit dazu bereit, sich mit uns zu treffen, um über unsere Vorstellungen, unsere Unzufriedenheit und über mögliche Forderungen an *Deliveroo* zu sprechen. Wir müssten erst einmal nur einem Gespräch zustimmen und dann schauen, ob wir Bock hätten, uns entsprechend mit ihrer Hilfe zu organisieren. Falls uns das alles nicht überzeuge, wären wir natürlich zu nichts verpflichtet. Kündigen könne man dann immer noch. Was hätten wir schon zu verlieren?

Alles, was Keno sagte, klang logisch und durchdacht. Allerdings war da auch noch eine andere Sache zu bedenken. Ein großer Teil unserer Belegschaft kam aus aller Welt. Darunter waren Länder, in denen das Engagement in Gewerkschaften ein großes Risiko bedeuten konnte. Entweder weil die Gewerkschaften dort nur Handlanger der jeweiligen Regierungen waren und unter dem Strich keinerlei Nutzen für die Arbeitnehmenden hatten. Oder weil es sogar lebensgefährlich sein konnte, sich als Mitglied einer Gewerkschaft zu erkennen zu geben. In vielen Herkunftsländern waren Gewerkschaften verboten, ihre Mitglieder wurden gejagt und ins Gefängnis gesteckt – wenn sie Glück hatten. Verständlich, dass Menschen mit diesen Erfahrungen erst einmal schlucken, wenn man ihnen das Konzept erklärt oder sie das Wort Gewerkschaft nur hören. Es ist keineswegs eine globale Selbstverständlichkeit, sich ohne Angst vor persönlichen Sanktionen für die eigenen Rechte einzusetzen. Wobei diese Selbstverständlichkeit auch in Deutschland langsam bröckelt: Es passiert leider immer häufiger, dass Rechtsextremisten politisch aktive ehrenamtlich agierende Menschen angreifen. Doch an jenem Abend sollte das kein Thema werden. Keno Böhme konnte ein paar von uns überzeugen. Wir waren einverstanden, die beiden Frauen von der Gewerkschaft NGG zu treffen.

Etwas bewegte sich.

11 Respekt!

»Bürger, nicht Untertanen wollen wir sein! Wollen mitraten, mittaten und mitverantworten in allen wichtigen Dingen des Lebens der Gemeinschaft. Vor allem in den Angelegenheiten der Wirtschaft unseres Volkes.«

Hans Böckler, Erster Vorsitzender des Deutschen Gewerkschaftsbundes

Ehrlich gesagt: Als wir uns zum ersten Mal mit den beiden Frauen der Gewerkschaft trafen, wussten wir im Grunde überhaupt nicht, was wir von einem solchen Treffen erwarten durften. Von konkreten Forderungen und konstruktiven Dialogen mit unserem Arbeitgeber träumten wir nicht einmal. Wir waren zu diesem Zeitpunkt einfach nur sauer und genervt von *Deliveroo* und wollten sie unsere Wut spüren lassen. Auf welche Weise auch immer. Die meisten unserer Rider haben auch nicht direkt mitgemacht, nur sechs oder sieben waren es, die sagten, dass es ja nicht schaden könne, sich das mit der Gewerkschaft mal anzuhören. Gesagt, getan.

Einige Tage später trafen wir uns im großen Haus des Deutschen Gewerkschaftsbundes, kurz DGB, in Köln mit den beiden Gewerkschaftssekretärinnen. Ziemlich imposante Location, muss ich sagen: Vor uns ragte das große, mehrgeschossige Haus, das direkt am Hans-Böckler-Platz lag, in die Höhe. Davor standen drei Flaggenmasten mit dem Logo des DGB. Definitiv irgendwie einschüchternd im ersten Moment. Die erste von vielen Fragen an diesem Tag ploppte in meinem Kopf auf: Die Leute in diesem Statement von einem Gebäude waren wirklich auf unserer Seite? Schwer vorstellbar.

Wie gerne würde ich an dieser Stelle berichten, dass an diesem für uns so entscheidenden Tag schönes, sonniges Wetter geherrscht hätte und die Flaggen dramatisch im Wind wehten, womöglich noch akustisch untermalt von Fanfarenstößen. Das Gegenteil war der Fall. Es war dunkel, grau, nass und erbärmlich kalt. Die Flaggen lappten traurig an ihren Stangen herunter. Die ganze Szene wirkte im ersten Moment ein wenig trist und passte nicht zu der leicht angespannten, nervösen Aufbruchsstimmung, die wir empfanden.

Vorsichtig betraten wir das Gebäude, unsicher, was uns dadrinnen erwarten würde. Tatsächlich waren das zwei beeindruckende Frauen: Laura Schimmel und Lisa Baumeister. Sie wussten offenbar genau, wie sie mit einer skeptischen Gruppe junger, unerfahrener Rider ins Gespräch kommen konnten. Beide waren damals noch Teil eines Traineeprogramms, was man ihrem Auftreten allerdings in keiner Sekunde anmerkte. Sie hießen uns herzlich willkommen und führten uns ohne lange Vorreden in einen großen Besprechungsraum. Architektonisch war das rustikal-brutalistische Gebäude zwar eindrucksvoll, aber nicht direkt ein Juwel. Wir reden von einem typischen Klotz aus den Siebziger- oder Achtzigerjahren. Auch die nüchterne, schmucklose Inneneinrichtung holte mich nicht wirklich ab.

Trotzdem herrschte im Raum eine behagliche Stimmung. Lag das vielleicht auch an der Aura und der jahrhundertelangen Tradition der Gewerkschaften, die sich hier in die Mauern eingeschrieben hatte? Vielleicht ein bisschen zu viel Romantik für den Anfang … Fakt war aber, dass wir uns bei der Gewerkschaft in Köln gleich willkommen fühlten. Das mag auch ein wenig am großzügigen Catering gelegen haben, das auf der anderen Seite des Raumes auf einem großen Tisch für uns aufgebaut war. Kaffee, Kekse, Pizza – ein Traum. Wir Rider schauten uns lächelnd an und hatten alle den gleichen Gedanken: Was auch immer uns heute erwarten würde, den Kaffee und das Essen kann uns niemand mehr wegnehmen.

Wir dachten damals wirklich so. Das zeigt vielleicht, mit wie wenigen Mitteln wir in der Regel über die Runden kommen mussten. Da war ein kostenloses und darüber hinaus auch noch opulentes Essen schon ein Highlight. Wir lümmelten in dieser behaglichen, warmen Atmosphäre auf unseren Stühlen herum und wirkten vermutlich wie eine fröhliche Festgemeinde, die diesen gastlichen Ort freiwillig nie wieder verlassen würde. Für uns war es deshalb auch völlig überflüssig, dass Laura erst einmal die Tür des Besprechungsraums schloss und uns zu einer »geschlossenen Gesellschaft« erklärte. Noch vor dreißig Minuten hätte ich uns in diesem Fall als »eingeschlossene Gesellschaft« empfunden, doch unser Misstrauen begann bereits zu bröckeln. Lisa begann unterdessen mit einem kleinen Vortrag, einer klassischen Einführungsrede, die das Eis zwischen uns brechen sollte. Eins war schon früh klar: Die beiden Frauen agierten perfekt aufeinander abgestimmt. Ihre krasse Professionalität schüchterte mich fast ein wenig ein. Selbstbewusst, knallhart und intelligent sind die drei Attribute, die mir damals als Erstes zu den beiden Gewerkschaftssekretärinnen eingefallen sind. Und noch etwas erstaunte mich: Sie begegneten uns auf Augenhöhe.

Sosehr ich auch versuchte, eine Spur von Herablassung in ihren Augen zu entdecken, so sehr scheiterte ich daran. Da war nichts in diese Richtung zu finden. Gar nichts. Was ich stattdessen fand, war für mich im ersten Moment viel verstörender.

Respekt.

Respekt vor der Entscheidung, dass wir uns gegen unseren Arbeitgeber und dessen Ungerechtigkeiten wehren wollten. Respekt aber auch vor der Persönlichkeit jedes Einzelnen von uns, vor unseren Gedanken, unseren Wünschen und Träumen, alldem eben, was uns ausmachte.

Ich will mich nicht beschweren und zum Opfer stilisieren: In den letzten Jahren habe ich in bestimmten Kontexten und Milieus auch immer wieder Respekt erfahren. Ich habe gespürt, dass mein nicht immer leichter Weg von vielen Menschen, die mich kennenlernen, akzeptiert und wertgeschätzt wird.

Und doch war und ist mein Speicher mit all den Mikroaggressionen, die ich über die Jahre erfahren habe, voll bis unters Dach. Diese Erfahrungen streift man nicht so einfach ab, sie begleiten einen das ganze Leben. Das merke ich vor allem daran, dass ich in Situationen, in denen mir Menschen tatsächlich vorurteilsfrei und mit Respekt begegnen, immer vollkommen konsterniert, ja beinahe schockiert bin. Wenn man in Deutschland Schwarz und schwerbehindert aufwächst, dürfte es keine Überraschung sein, dass das eigene Selbstwertgefühl nicht gerade auf festem Fundament steht und dass man mit aufrichtigem Respekt einfach nicht vertraut ist.

Meistens sind es die kleinen Dinge, kurze Interaktionen, die mir vermittelt haben, dass ich nicht für voll genommen werde.

Der genervte Blick, wenn ich einige Male nachfragen musste, was gerade besprochen wurde. Der Moment, wenn mein Gegenüber erkennt, dass ich schwerbehindert bin und plötzlich ungemein wohlwollend und gütig agiert, nicht begreifend, dass er mir damit nicht hilft, sondern mich im Prinzip infantilisiert. Es ist kränkend, dass man mir in manchen Situationen Entscheidungen aus der Hand nimmt im Glauben, ich sei wohl nicht die hellste Kerze auf der Torte. Und das nur, weil ich durch meine Hörschädigung in seltenen Fällen nicht alles im ersten Anlauf verstehe und nachfragen muss, manchmal auch mehrmals. Und dann sind da noch diese überraschten Blicke, wenn ich trotz Cochlea-Implantat und Hörgerät und trotz meines Aussehens ein perfektes, einwandfreies Deutsch spreche. Schließlich der ständige Druck, bestimmte Stereotype zu bestätigen, um meine Behinderung unsichtbar zu machen.

Dazu gehört, dass ich mich in Gesellschaft stets darauf konzentrierte, der fröhliche, nahbare und charmante Mann zu sein. Immer im Mittelpunkt der allgemeinen Aufmerksamkeit, sodass man gar nicht erst auf die Idee kommt, dass ich schwerbehindert sein könnte. Ich wollte der Mann sein, mit dem man unendlich viel Spaß haben konnte. Hauptsache, ich fiel nicht unangenehm auf und vor allem niemand bemerkte, dass ich schwerhörig bin.

Ein Problem, das mein Verhalten hervorbrachte, war mir lange nicht bewusst. Während ich nämlich versuchte, jemand zu sein, der ich vielleicht gar nicht immer war, um in die Gesellschaft hineinzupassen, reproduzierte ich in einer Tour problematische Stereotype des Schwarzen Mannes.

Im Fernsehen, in Musikvideos, in kulturellen Kontexten aller Art wurden Schwarze Männer immer auf eine ganz bestimmte Art und Weise porträtiert. Hart, maskulin, athletisch, charmant und natürlich hypersexuell. Auch ich, der ich in meinen jungen Jahren noch keine Berührungspunkte mit wahrlich großen Schwarzen Ikonen wie etwa James Baldwin hatte, ließ mich damals von Vorbildern wie 50 Cent, Rakim, Obie Trice, Jay Z, 2Pac und anderen Künstlern beeinflussen. Ich eiferte ihnen nach und hoffte, auf diese Weise besser akzeptiert zu werden.

Ich erinnere mich auch noch gut an das Gefühl der Ohnmacht, wenn in meinem Beisein rassistische Witze gemacht wurden, gegen die ich mich im Prinzip wehren wollte. Gleichzeitig realisierte ich in diesen Momenten, dass ich möglicherweise nicht jedes Wort akustisch richtig verstand und mich gar nicht auflehnen konnte, ohne vielleicht doch im Unrecht zu sein. Denn das ist es (auch), was es bedeutet, Schwarz *und* schwerhörig zu sein: nie zu wissen, ob man *wirklich* alles richtig verstanden hat. In solchen Situationen immer gleich nachzuhaken, erfordert eine große Menge an Selbstbewusstsein, Kraft und Energie. Die fehlte mir verständlicherweise oft in meiner Jugend und auch darüber hinaus wegen meiner Sozialisation.

Stattdessen investierte ich in Klischees, wie sie in den MTV-Videos vorgelebt wurden. Das war einfacher und versprach weniger Schmerz. Es verschaffte mir ein zweifelhaftes Ansehen in einer weitgehend weiß geprägten Gemeinschaft. Dass über all die Jahre mein Selbstwertgefühl tausend kleine Schnitte erlitt, ist unter diesen Umständen wohl nicht sonderlich überraschend. Ich bin überzeugt, dass das der Grund war, warum mich der Respekt, der mir und uns allen von Laura Schimmel und Lisa Baumeister entgegengebracht wurde, im ersten Moment verstörte. So offensichtlich gebildete Menschen waren ernsthaft an meiner politischen Meinung interessiert? Sie sprachen mit mir als Mensch?

Damn, that shit feels good!

Eine zumindest für mich sehr ungewöhnliche Erfahrung war auch, dass beide Frauen darauf bestanden, dass wir uns alle gegenseitig duzten. Das sei grundsätzlich innerhalb der Gewerkschaften so üblich. Das gewerkschaftliche Du sei die Norm, eine Abweichung davon geradezu unhöflich. Schließlich sei man eine solidarische gewerkschaftliche Gemeinschaft. Da wäre förmliches Siezen fehl am Platz. Nun gut, das leuchtete ein und war mir zwar im Prinzip sehr sympathisch, aber ich brauchte noch eine Weile, bevor ich mich daran gewöhnen konnte, dieses gewerkschaftliche Du locker über die Lippen fliegen zu lassen.

Auf die Frage, ob wir denn überhaupt wüssten, was Gewerkschaften seien, schüttelten die meisten aus unserer Runde den Kopf. Auch ich konnte kaum etwas mit dem Begriff anfangen. Ich kann mich nicht erinnern, dass ich vor meiner Zeit als Rider auch nur *einen* ernsthaften Berührungspunkt mit dem Thema Gewerkschaft hatte, weder im Bildungssystem noch in meiner beruflichen Laufbahn. Dementsprechend skeptisch war ich – aber auch neugierig. Zu unserer Überraschung schienen uns die beiden Gewerkschaftssekretärinnen nicht dafür zu verurteilen, dass wir absolut keine Vorstellung davon hatten, was die NGG war. Sie erklärten uns geduldig, dass die Gewerkschaft Nahrungs-Genuss-Gaststätten die Interessenvertretung für alle Berufe in der Gastronomie sei. Dazu zählten Restaurants, Bars, Kneipen und Hotels, aber auch Unternehmen aus den sogenannten Genussbranchen, die Tabak, Bier oder Zucker produzierten. Die NGG organisiere zusammen mit den Arbeiterinnen und Arbeitern in den Betrieben einen Dialog und gegebenenfalls auch einen Arbeitskampf, um die vom Gesetzgeber vorgesehene betriebliche Mitbestimmung zu gewährleisten. Die Kernbotschaft unserer beiden Helferinnen an diesem Abend lautete: Wenn ihr nicht wollt, dass euer Arbeitgeber euch wie Abschaum behandelt, müsst ihr einen Betriebsrat auf die Beine stellen.

Prinzipiell hörte sich das gut an, im Detail allerdings wurde es an diesem Nachmittag manchmal ein bisschen zu komplex für uns. Ich gebe zu, ich habe im ersten Moment nicht alles verstanden, was uns die beiden Frauen erklärten. Unser Wissen um die Zusammensetzung und das Wirken einer Gewerkschaft war zu diesem Zeitpunkt noch relativ überschaubar. Die beiden Gewerkschaftssekretärinnen hat das nicht irritiert. Sie haben uns geduldig ein wenig zur Historie der Gewerkschaften erzählt und uns eine Menge Infomaterial mit den Basics ihrer Arbeit in die Hände gedrückt. Sie erklärten uns, dass wir mit der Hilfe eines Betriebsrates unsere Arbeitsbedingungen verbessern könnten. Dass wir mit einem Betriebsrat in der Hinterhand auch selbst darüber entscheiden konnten, ob zum Beispiel Überstunden gemacht werden oder inwieweit wir uns noch von der App der Lieferdienste überwachen lassen wollten. All diese Optionen hörten sich natürlich für uns gut an. Und noch ein im Rückblick vielleicht etwas albernes Detail half, dass wir der Gründung eines Betriebsrates immer positiver entgegenblickten, je länger unser Besuch in der Kölner DGB-Zentrale dauerte: Wir erfuhren, dass wir als Betriebsrat ein eigenes Büro erhalten würden.

Der Gedanke an ein Büro war für Leute wie uns ein echter Anreiz, die wir bislang nur immer an der frischen Luft ohne ein gemeinsames Dach über dem Kopf gearbeitet hatten. So ein Büro würde doch wohl zeigen, dass wir durchaus in der Lage waren, uns zu organisieren und für unsere Rechte einzutreten. Ein Büro symbolisierte – in einem bestimmten Rahmen, versteht sich – eine gewisse Bedeutung und Einfluss. In welcher Form und worauf auch immer. Solche Symbole der Teilhabe waren wichtig für uns, weil wir bis dahin ein Spielball fremder Interessen gewesen waren. Ein eigenes Büro und eine richtige Adresse, vielleicht sogar eigene Visitenkarten? Das klang schon verdammt reizvoll für uns.

Wir lernten auch so einiges mehr an diesem Tag: dass ein Betriebsrat kein Instrument sei, den Arbeitgeber zu piesacken, sondern im Grunde der klarste Ausdruck und Hebel der Demokratie. (Auch wenn ich an dieser Stelle ehrlich sein möchte: Das entscheidende Argument für mich war das nicht. Demokratie war zuvor immer ein sehr abstraktes Konzept für mich gewesen.) In dem Moment, in dem ein stabiler Betriebsrat in einem Unternehmen agiert, seien die süßen Zeiten vorbei, in denen sich Firmen ohne organisierte Mitarbeiterinteressenvertretung austoben konnten. Narrenfreiheit hätten die Damen und Herren dann nicht mehr, das sei ohnehin ein Konzept von vorgestern. Firmen, die einem Betriebsrat gegenüber Rechenschaft über ihre Geschäftspraktiken ablegen müssen, seien selbst in unserer, um bei Hubertus Heils Worten zu bleiben, *Wildwest*-Branche die Zukunft.

All das hörte sich zu schön an, um wahr zu sein. Wo war der Haken an der Geschichte?

»Na ja, euern Arbeitgeber werdet ihr durch die Gründung eines Betriebsrates nicht fröhlich machen, das muss euch klar sein. Sie wollen schließlich nichts von ihrer Macht abgeben.« In dieser Hinsicht sollten wir uns keinen Illusionen hingeben, meinten unsere beiden Gewerkschafterinnen, mit freundlichem Entgegenkommen würden wir nicht empfangen werden.

Ein Start-up wie *Deliveroo* hat überhaupt kein Interesse daran, dass seine Mitarbeitenden sich plötzlich gemeinsam organisieren und ihre individuellen Unzufriedenheiten als Gruppe vortragen. Wir sollten deswegen damit rechnen, dass unser Arbeitgeber mit harten Repressalien und Gegenmaßnahmen reagieren würde, wenn die Gründung eines Betriebsrates in ihrem Unternehmen tatsächlich in der Luft läge. Dass die Möglichkeit einer Betriebsratsgründung ab einer Zahl von fünf Mitarbeiter:innen in einem Betrieb gesetzlich verankert ist und eine Firma offiziell gar nichts dagegen machen kann, sei nur in der Theorie so. Skrupel- und verantwortungslose Unternehmen fänden immer Wege, sich dagegen zu wehren, dass ihre Mitarbeitenden ihre Rechte wahrnehmen wollen. Firmen fühlten sich häufig durch die Gründung eines Betriebsrates persönlich angegriffen – gerade die vermeintlich lässigen Start-ups, die sich gerne als große Familie verkaufen, mit gemeinsamen Zielen, Interessen und dem Kicker im bunten Büro. In einer solchen Firma ist man dann schon einmal persönlich enttäuscht, dass Mitarbeitende überhaupt gezielt mit Forderungen um die Ecke kommen. Gegen so viel »Undankbarkeit« würden Firmen oft vorgehen. Und Achtung, *spoiler alert:* Das sollte auch in unserem Fall nicht anders sein.

Die Botschaft an diesem Tag war jedenfalls klar und deutlich: Wenn ihr eure Rechte wahrnehmen wollt und einen Betriebsrat gründet, müsst ihr euch auf einen bitterbösen Kampf einstellen, der hart und hässlich werden kann. Einfach schenken werden euch eure Arbeitgeber die Verbesserungen jedenfalls nicht.

Absurd eigentlich, wenn man bedenkt, dass Unternehmen oft wie selbstverständlich davon ausgehen, alle Machtbefugnisse in der Hand halten zu dürfen und die Lohnbeschäftigten dagegen völlig hilf- und machtlos sind. Dabei ist doch klar, dass ein harmonisches Miteinander am Ende beiden Parteien zugutekommt. Wie zum Teufel soll ein Unternehmen ohne Arbeiterinnen und Arbeiter Profite erwirtschaften? Wie sollen Arbeitnehmer:innen ihr Leben finanzieren, wenn sie keine gesunden und sicheren Arbeitsplätze vorfinden? Die Abhängigkeit geht in beide Richtungen.

Das will die Arbeitgeberseite allerdings oft nicht wahrhaben. Dabei könnte ein ordentlicher Streik schnell dafür sorgen, dass in einem Unternehmen gar nichts mehr geht. Weil man das auf den Chefetagen natürlich weiß, gehen Firmen in viel zu vielen Fällen harsch und unangemessen hart gegen gewerkschaftliche Aktivitäten vor. Da wird oft ganz schnell deutlich, wie es mit dem Gerede von der familiären Solidarität wirklich bestellt ist. Familie gerne – aber bitte nur unter den klaren Vorgaben und Regeln des Familienoberhaupts.

Doch zurück zu unserem ersten Treffen in der DGB-Zentrale in Köln. Noch hatten wir nicht ganz verstanden, was wir mit einem

Betriebsrat alles konkret ausrichten konnten. Deutlich geworden war allerdings: Wir waren lange nicht so machtlos, wie wir uns immer gefühlt hatten. Es gab Mittel und Wege, sich gegen die Zumutungen unseres Jobs aufzulehnen und seine Bedingungen zu verbessern. Allein das war schon ein berauschender Gedanke. In meinen Träumen sah ich uns schon in einem schicken Büro residieren, das beeindruckender ausgestattet sein würde als das Standortoffice von *Deliveroo* in Köln. Und von dort aus würden wir den Saftladen vor uns hertreiben, mit der Hilfe von alerten Anwälten, wie man sie in der TV-Serie »Suits« erleben konnte. Harvey Spector, Mike Ross und Donna Paulsen würden für uns in die Schlacht ziehen und unsere Vorgesetzten würden mit hängenden Schultern aus dem Gerichtsgebäude schleichen ... Natürlich glaubte ich nicht wirklich an ein solches Szenario – aber man würde doch mal fünf Minuten träumen dürfen? Die Realität des Arbeitskampfes würde uns schon noch früh genug die Flausen austreiben ...

Dass es diesen Arbeitskampf tatsächlich geben würde, stand nach unserem ersten Treffen mit Lisa Schimmel und Laura Baumeister so gut wie fest. Wir waren extrem entschlossen, so bald wie möglich eine Betriebsvollversammlung zu organisieren. Unsere komplette Belegschaft musste erst einmal darüber entscheiden, ob sie einen Betriebsrat wünscht. Diese Abstimmung mussten wir möglichst leise und konspirativ auf die Beine stellen, denn sobald unser Arbeitgeber Wind von unseren Plänen bekommen würde, konnte er gezielt und ohne Widerspruch unliebsame Mitarbeiter:innen feuern. Und die Anführer einer geplanten Betriebsratsgründung zählten ganz sicher zu dieser Gattung. Doch die loyale Gemeinschaft unter den Ridern kam uns zugute: Niemand plauderte unsere Pläne aus, nicht einer tanzte aus der Reihe. Wir schafften es, die gesamte Belegschaft zu mobilisieren.

Unsere erste Betriebsvollversammlung konnte kommen.

Wozu Gewerkschaften und Betriebsräte?

»Die Löhne werden in jedem Fall durch Feilschen festgesetzt, und beim Feilschen hat der, welcher am längsten und wirksamsten Widerstand leistet, die größte Aussicht, mehr zu erhalten, als ihm zusteht. Wenn der einzelne Arbeiter mit dem Kapitalisten handelseins zu werden versucht, wird er leicht geschlagen und muss sich ihm auf Gnade und Ungnade ergeben; wenn aber die Arbeiter eines ganzen Gewerbes eine mächtige Organisation bilden, unter sich einen Fonds sammeln, um imstande zu sein, den Unternehmen nötigenfalls die Stirn zu bieten, und sich dadurch in die Lage versetzen, als eine Macht mit den Unternehmern zu verhandeln, dann, und nur dann, haben die Arbeiter Aussicht, wenigstens das bisschen zu erhalten, das bei der ökonomischen Struktur der gegenwärtigen Gesellschaft als ein gerechter Tagelohn für ein gerechtes Tagewerk bezeichnet werden kann.«

Friedrich Engels über die ökonomische und politische Funktion der Gewerkschaften, 1881

Es hat ein wenig gedauert, bis ich das Wesen und den Sinn einer Gewerkschaft verstanden habe. Allem, was aus meiner Sicht zum Establishment gehörte, habe ich lange Jahre misstraut. Dabei ist es gerade für mich (und Menschen in einer ähnlichen Situation), der so häufig das Opfer einer systemischen Benachteiligung geworden ist, so wichtig, für meine Rechte einzutreten. Oder wenigstens jemanden zu haben, der auf meiner Seite steht. Dafür verlasse ich für einen Moment den Kosmos der perfiden Plattformökonomie (obwohl gerade hier Gewerkschaften mit ganz aktuellen Konflikten umgehen müssen) und beleuchte den grundsätzlichen Kern der Gewerkschafts- und betriebsrätlichen Arbeit.

Schaut man auf der Seite des Deutschen Gewerkschaftsbundes, findet man folgende Definition:

»Ein Betriebsrat vertritt die Interessen der Beschäftigten im Betrieb und kann stellvertretend für sie mit dem Arbeitgeber verhandeln. Dafür hat er Rechte, die im Betriebsverfassungsgesetz (BetrVerfG) festgeschrieben sind und vom Arbeitgeber nicht ignoriert werden dürfen. Diese Rechte nennt man Mitbestimmungsrechte. So redet man bei der Arbeit von Betriebsräten auch von betrieblicher Mitbestimmung.«

Klingt ein bisschen dröge. Zeit, das aufzubrechen und einen Einblick zu leisten.

Betriebsverfassungsgesetz. Ein typisch deutscher, sperriger Zungenbrecher und dennoch der wichtigste Grundpfeiler in der Arbeit eines Betriebsrates. Das Betriebsverfassungsgesetz legt zum einen eindeutig fest, was die Aufgaben eines Betriebsrates sind, und definiert den Rahmen seiner Verpflichtungen. Zum anderen aber schreibt es auch die Rechte fest, über die ein Betriebsrat verfügt, um die Belegschaft angemessen vertreten zu können. Bei krassen Verstößen gegen diese Bestimmungen ist der Gang vors Arbeitsgericht ein effektives Instrument. Eine Interessenvertretung par excellence. Man kann das an einem anschaulichen Beispiel aufzeigen:

Stellen wir uns vor, der Betriebsrat sei ein Boxer, dann ist das Arbeitsrecht der Ring, in dem der Kampf stattfinden soll. Wer der Gegner ist, liegt auf der Hand: der Arbeitgeber. In diesem Szenario wären die Boxhandschuhe das Betriebsverfassungsgesetz. Als Ringrichter fungiert das Arbeitsgericht, während in den beiden Ecken die Trainer jeweils wahlweise die Gewerkschaftssekretär:innen, Anwälte oder Fortbildungsseminare repräsentieren. Der Gong signalisiert, dass der Kampf um eine mitbestimmungsrechtliche Angelegenheit begonnen hat.
Im Idealfall wird der Kampf in Form einer Einigung enden, etwa einer Betriebsvereinbarung. Wie ein Unentschieden beim Boxen also. Allerdings sieht es in den meisten Fällen so aus, dass einer der beiden Kämpfer die Arme hochreißt. Manchmal kommt es dann in einigen Monaten zu einem Revanchekampf – oder vor dem Arbeitsgericht zu einer Berufungsverhandlung. Wichtig in diesem Kontext ist aber nur, dass es ohne die gewerkschaftlichen Bemühungen überhaupt nicht zu einem Kampf gekommen wäre. Die Gewerkschaften können nicht immer dafür garantieren, dass sich Arbeitnehmer:innen mit den Forderungen an Arbeitgeber:innen durchsetzen. Aber sie kümmern sich darum, dass der Kampf überhaupt stattfindet, der Arbeitgeber brutal ins Schwitzen kommt und immer häufiger auch das Nachsehen hat.

Verlassen wir die Boxarena wieder. Zumal die Aufgaben des Betriebsrates in der Regel unspektakulärer sind, als Arbeitgeber:innen mit Anlauf auszuknocken (obwohl der Gedanke manchmal wirklich sehr verführerisch sein dürfte …). Im Grunde muss der Betriebsrat darüber wachen, ob Gesetze oder mit den Gewerkschaften ausgehandelte Tarifverträge eingehalten werden. Er kann Betriebsvereinbarungen aushandeln und anschließend dafür sorgen, dass die Beschlüsse auch korrekt umgesetzt werden. Gegenstand solcher Betriebsvereinbarungen können die gültige Arbeitszeit sein, die Anzahl der Urlaubstage oder der Pausenzeiten. Wichtig ist nur, dass diese Vereinbarungen für die Arbeitnehmenden nicht schlechter sein dürfen, als bestehendes Arbeitsrecht oder etwaige im Betrieb geltende Tarifverträge das bereits geregelt haben. Keine einfache Aufgabe, denn trotz klar vorgegebener Richtlinien existiert viel Interpretationsraum.

Um diesen Spielraum zu nutzen, braucht man vor allem juristische Kompetenz und Erfahrung, Integrität und auch Mut. Denn Gesetzestexte zu lesen, Rechtsquellen zu interpretieren und so anzuwenden, dass man die Rechte der Arbeiterinnen und Arbeiter repräsentiert, kann eine heikle Angelegenheit sein. Da ist eine große Portion Selbstbewusstsein angesagt, denn man bekommt es in der Regel mit professionell ausgebildeten Juristen zu tun. Da darf man nicht allzu zögerlich sein. Kein Arbeitgeber macht freiwillig Zugeständnisse, viele schrecken auch nicht davor zurück, die Gewerkschaften generell und die Betriebsräte persönlich zu bekämpfen. Manchmal auch mit unlauteren Mitteln. Heikel auch deshalb, weil die oft unerfahrenen, gerade erst gewählten Betriebsräte häufig auf erfahrene Wirtschaftsanwälte treffen, die für die Arbeitgeberseite in den Ring steigen. Besonders zynische Arbeitgebende schalten sogar Anwälte ein, die sich auf die Bekämpfung von Betriebsräten spezialisiert haben. Leider kein Witz. Man darf davon ausgehen, dass die nicht primär an einer sachlichen und fairen Auseinandersetzung interessiert sind. Stattdessen sind es Jünger des Formfehlers – wehe, du beachtest eine kleine Fußnote nicht, vergisst eine lästige Frist –, schon kreist der Bürokraten-Hammer.

Da die Betriebsräte aus den Reihen der Belegschaften gewählt werden, verfügen sie selten von Beginn an über die nötige Erfahrung im Umgang mit Rechtsquellen und ihrer Anwendung. Zum Betriebsrat muss man richtig ausgebildet werden, um die Interessen der Kolleg:innen angemessen vertreten zu können. Dafür gibt es glücklicherweise von den Gewerkschaften gegründete und betriebene Bildungszentren, die genau das leisten: Sie bilden Betriebsräte aus. Aber sie vermitteln nicht nur Wissen, sondern sind auch für das »Mindset« dieser Räte zuständig. Sie schmieden gute und vor allem kämpferische Betriebsräte. Das ist nicht unwichtig, denn das psychologische Moment spielt beim Arbeitskampf eine wichtige Rolle. Robustheit und Resilienz kann man lernen – und diese Eigenschaften braucht man erfahrungsgemäß in der Auseinandersetzung mit Arbeitgebern. Das Bildungszentrum Oberjosbach etwa kümmert sich in dieser Hinsicht um Betriebsräte aus dem Ernährungs- und Gastgewerbe – meine Kolleg:innen und ich sind dort menschlich und fachlich gut auf unseren Job vorbereitet worden. In meiner gewerkschaftspolitischen Arbeit begegne ich häufig der Frage, ob man wirklich in jedem Betrieb grundsätzlich einen Betriebsrat gründen kann. Meine Antwort ist jedes Mal dieselbe:

Verdammt, ja.

Und das sollte man umsetzen. Die Faustregel ist denkbar einfach. Ab fünf Beschäftigten in einem Betrieb darf man einen Betriebsrat wählen. Manchmal muss man allerdings um dieses Recht kämpfen. Zumal Anhänger der freien Marktwirtschaft regelmäßig recht unoriginell argumentieren, dass ein Betriebsrat die unternehmerische Freiheit beschneiden und Unternehmer:innen doch schließlich das ganze Risiko des Geschäfts tragen würden. Da boykottiere so ein Betriebsrat die natürliche Ordnung der kapitalistischen Gemengelage doch nur, denn: »Der Markt regelt das!« Nichts tut der Markt. Nur neoliberale Fantasten glauben das noch (aber nicht wirklich) und sorgen dafür, dass in Deutschland die Spanne zwischen arm und superreich immer größer wird.

Als ich zum letzten Mal nachgeschaut habe, war Deutschland immer noch eine demokratische Gesellschaft. Wer die Demokratie aus den Betrieben raushalten möchte, entlarvt sich im Grunde als reaktionärer Egoist, der offen für Ungleichheit und Feudalherrschaft eintritt. Im Grundgesetz ist übrigens auch das Thema der Gleichberechtigung unter Artikel 3 festgezurrt. Ein wichtiger Punkt für Gewerkschaften. Sie, die Gleichberechtigung, ist in der heutigen Arbeitswelt immer noch mehr Mär als Realität. Frauen – insbesondere Women of Color – werden hier enorm benachteiligt. Ein kurzer Blick ins Internet oder vielleicht mal ein offenes Gespräch mit den Kolleg:innen über Gehälterstrukturen im Betrieb dürften in dieser Hinsicht viele Augen öffnen. Auch das ist ein seit Jahrzehnten schwelender Konflikt, an dem sich die Gewerkschaften zäh abarbeiten, zum Glück aber mit durchaus vielversprechenden Zwischenresultaten.

So viele Gründe und Fronten für einen Betriebsrat: die freie Entfaltung der Persönlichkeit, Gleichbehandlung, Meinungsfreiheit. Als ob das nicht schon reichen würde. Zu guter Letzt gibt es aber auch noch wirtschaftspolitische Argumente, die für einen Betriebsrat sprechen. Das wird vor allem den Start-up-Menschen gefallen, die sich bei jedem Thema vor einer banalen Kosten-Nutzen-Rechnung in den Dreck werfen. Die bereits mehrfach erwähnte Hans-Böckler-Stiftung schreibt unter der Überschrift »Mitbestimmung – Das demokratische Gestaltungsprinzip der sozialen Marktwirtschaft«, dass besonders in Krisenzeiten Unternehmen mit einer vitalen Mitbestimmungskultur deutlich besser klargekommen sind als Unternehmen ohne Betriebsräte.

Man erinnere sich an die Weltfinanzkrise 2008/09. Trotz der apokalyptischen ökonomischen Bedrohungen waren Unternehmen mit einer guten Mitbestimmungskultur in der Lage, einen Großteil der Beschäftigten zu halten. Das Geschäftsergebnis dieser Unternehmen sank im Vergleich zum Vorkrisenniveau nur um 2,4 Prozent. Während bei Unternehmen ohne Mitbestimmung in der gleichen Zeit ein Minus von 7 Prozent zu verzeichnen war. Produktives und von Respekt getragenes Miteinander scheint auf den wirtschaftlichen Erfolg eines Unternehmens also positiv auszustrahlen. Noch mehr davon? Gerne: So konnten sich im Zeitraum von 2006 bis 2011 die Aktienrenditen bei europäischen Unternehmen mit vitaler Mitbestimmungskultur um 7,2 Prozent erhöhen. Während gleichzeitig bei Unternehmen ohne gleichwertige Mitbestimmungsstrukturen heftige 21 Prozent Verlust konstatiert wurden. Zufall? Wohl kaum. Die Wahrheit ist, dass Betriebsräte panische Schnellschüsse von Unternehmer:innen verhindern und dafür sorgen können, dass taktisch kluge und dabei wirtschaftliche Entscheidungen getroffen werden. Letzteres belegen unter anderem die BWL-Professoren Marc Steffen Rapp und Michael Wolff in einer Studie aus dem Jahr 2019.

Mitbestimmung ist eine gute Sache. Nicht bloß für die Arbeitnehmer:innen, sondern auch für Unternehmen. Mitbestimmung = ökonomisches Potenzial. Auf diese einfache Formel kann man es bringen. Oder, anders ausgedrückt: Gewerkschaften und Unternehmen sind keine natürlichen Feinde. Unternehmen können davon profitieren, wenn sie mit Gewerkschaften zusammenarbeiten, anstatt sie zu bekämpfen. Von Tarifverträgen sowieso! Dieses Bewusstsein ist auf Arbeitgeberseite noch nicht so recht angekommen. Aber das ist okay. Dafür gibt es ja Gewerkschaften, die dabei nachhelfen können – und werden!

Natürlich erzähle ich in diesem Buch vor allem von Arbeitgebern wie *Deliveroo* oder *Foodora*, die grundsätzlich jede Form der Mitbestimmung zerschlagen woll(t)en, aber es gibt durchaus genügend Unternehmen, in denen sich demokratische Mitbestimmungsformen sehr gut etablieren und die einen kooperativen Geist entwickeln konnten. Nichtdestotrotz sehe ich in Deutschland eine noch viel zu starke Tendenz, Gewerkschaften als Teufelszeug zu bekämpfen und die Gründung von Betriebsräten zu sabotieren. Beispiele gibt es ausreichend. *Deliveroo, Lieferando, Amazon, Gorilla, Flaschenpost,* die Liste ließe sich beliebig lang fortsetzen. In Studien der Hans-Böckler-Stiftung ist zu lesen, dass nur ungefähr 10 Prozent aller Betriebe in Deutschland demokratisch mitbestimmt sind. Ein unerträglicher Zustand und eine ernst zu nehmende Gefahr für unsere Demokratie. Denn gute Betriebsräte in den Betrieben sind wichtig für ein stabiles und unerschütterliches Demokratiebewusstsein. Ich würde sogar so weit gehen und behaupten: Je weniger Betriebsräte wir haben, desto zerbrechlicher die Demokratie. Es gibt viel zu viele Menschen, die nicht verstehen, wie Demokratie im Alltag funktioniert, und die deshalb auch die Relevanz von Betriebsräten unterschätzen. Auch in Betrieben wird Demokratie eher als etwas Abstraktes ohne wirklichen Einfluss auf die eigene Lebensrealität und voller vermeintlich »leerer Versprechen« wahrgenommen. Dadurch entstehen Lücken in unserem demokratischen System, die sich demokratiefeindliche Kräfte zunutze machen können. Betriebsräte können in einem solchen Szenario so etwas sein wie Demokratieschulen, in denen die Menschen einerseits lernen, ihre eigenen Bedürfnisse zu identifizieren, zu formulieren und umzusetzen. Andererseits geht es aber auch darum, die eigenen Interessen gegen die Interessen anderer abzuwägen und einen Kompromiss auszuarbeiten. So wird lebendige Demokratie praktiziert.

Aber diese Demokratieschulen stehen unter Beschuss, wie die

Studien der Hans-Böckler-Stiftung belegen, und müssten eigentlich durch unterschiedliche Maßnahmen gestärkt werden. Eine sinnvolle Maßnahme könnte die Einführung einer wöchentlichen oder monatlichen Demokratiezeit in den Unternehmen sein, in der den Beschäftigten die Möglichkeit eingeräumt wird, sich über politische Inhalte und betriebliche Angelegenheiten auszutauschen. Viele Angestellte haben weder im Arbeitsalltag noch in der Freizeit Zeit und Energie, sich mit politischen Themen auseinanderzusetzen. Ein rechtlich etablierter Zeitrahmen für solche Inhalte im Rahmen der Arbeitszeit könnte da einen wichtigen Akzent setzen, was die Stärkung des Demokratiebewusstseins angeht.

Betriebsräte und Gewerkschaften sind in meinen Augen sehr wichtige Stützpfeiler unseres Landes. In dem Moment, in dem die Beschäftigten sich in Betriebsräten organisieren, untereinander solidarisch sind, von Gewerkschaften unterstützt werden und sich in den Betrieben etwas ändert, vermittelt das eine (frohe) Botschaft: Demokratie funktioniert.

12
Das Imperium schlägt zurück

»If you have an enemy, then learn and know your enemy, don't just be mad on him or her.«

Denzel Washington

Wir haben nicht damit gerechnet, dass die Geschäftsführung von *Deliveroo* sich vor Freude einnässen würde, wenn sie erfuhr, dass wir einen Betriebsrat gründen wollten. Die Verbissenheit und Heimtücke allerdings, die sie an den Tag legte, um uns daran zu hindern, hatten wir allerdings auch nicht erwartet.

Die Vorbereitungen für die konstituierende Betriebsvollversammlung verliefen im Grunde optimal: Wir hatten uns in den Kreisen der Rider einen gewissen Vertrauensvorschuss erarbeitet, sodass wir über hundertfünfzig Unterschriften für die Betriebsvollversammlung in der Tasche hatten, bevor wir die Damen und Herren bei *Deliveroo* von unserem Vorhaben unterrichteten. Das geschah drei oder vier Tage vor dem angepeilten Termin, damit *Deliveroo* nicht mehr so viel Zeit haben würde, eventuelle Gegenmaßnahmen zu ergreifen. In dieser Hinsicht hatten wir das Unternehmen allerdings unterschätzt. Die Versammlung sollte in der DGB-Zentrale am Hans-Böckler-Platz stattfinden, die Gewerkschaft unterstützte uns vom ersten Tag an. Als wir *Deliveroo* schließlich in Kenntnis setzten, überraschte man uns dort schon am folgenden Tag mit einer auf den ersten Blick merkwürdigen Ansage: »Wir finden es gut, dass ihr einen Betriebsrat gründen wollt, und wir unterstützen euch natürlich in diesem Vorhaben, so gut wir können«, teilte man uns sinngemäß mit. »Aus diesem Grund möchten wir die Organisation der Veranstaltung für euch übernehmen und haben auch schon einen Ort gefunden, an dem ihr in aller Ruhe zusammenkommen könnt.« Das war jetzt ein wenig strange. Man wollte uns einen Versammlungsraum spendieren? Wo war der Haken, was war faul an diesem Angebot? Lange haben wir nicht gebraucht, das herauszufinden. Man hatte uns Räumlichkeiten außerhalb von Köln gebucht, die so gerade eben noch in Nordrhein-Westfalen lagen. Der Hintergrund war, dass die meisten Rider nicht über ein Auto verfügten und auch nicht über die Mittel, mit öffentlichen Verkehrsmitteln an einen so weit von der Kölner Innenstadt entfernten Ort zu reisen. Unmöglich. Abgesehen davon wäre selbst das eine Herausforderung geworden, denn das gebuchte Tagungshotel war wirklich am Arsch der Heide, man musste über die Autobahn anreisen.

Natürlich haben wir das Angebot abgelehnt. Damit war wiederum *Deliveroo* nicht einverstanden. Sie verwiesen auf ein Gerichtsurteil, das einen weit zurückliegenden Prozess der IG Metall betraf. Darin wurde gesagt, dass ein Unternehmen in einem begründeten Ausnahmefall aus Sicherheitsgründen selbst darüber bestimmen kann, wo eine solche Betriebsversammlung stattfindet. Absurd. Das muss man sich wirklich einmal auf der Zunge zergehen lassen: Unser Arbeitgeber meldete *Sicherheitsbedenken* an! Die feinen Herren schämten sich kein Stück, denn es ging ihnen dabei nur um die Kontrolle und im besten Falle um die Verhinderung der gesamten Aktion. Unsere Sicherheit lag unserem Arbeitgeber ungefähr so sehr am Herzen wie der Deutschen Bank die Aktienpakete kleiner Anleger. Wie konnte ein Hotel irgendwo außerhalb von Köln sicherer sein als das mitten in der Stadt gelegene Gewerkschaftsgebäude am Hans-Böckler-Platz?

Zudem kappte *Deliveroo* in erstaunlicher Geschwindigkeit alle internen Kommunikationskanäle. Wo zuvor lange Zeit ein offenes Kommunikationsnetz existierte, das sich bundesweit ausdehnte und als Plattform für den Austausch zwischen allen Standorten genutzt wurde, war von heute auf morgen Stille. Nichts ging mehr. Vom Standort Köln aus war es plötzlich nicht mehr möglich, untereinander zu kommunizieren. Ein klassischer Schachzug: Nimm deinem Kontrahenten die Möglichkeit zum Austausch, schon isolierst du ihn und hast die Kontrolle über die Situation. Blöd nur für die Firma, dass in Zeiten der Digitalisierung auch außerhalb innerbetrieblicher Strukturen diverse Möglichkeiten der kollektiven Vernetzung existieren. Glücklicherweise waren wir vorbereitet. Wir hatten in weiser Voraussicht bereits eigene Kanäle installiert und umfangreiche WhatsApp-Gruppen aufgesetzt. So blieben wir handlungsfähig und konnten die Versammlung so koordinieren, wie uns das vorschwebte. Mit der Hilfe von Laura Schimmel und Lisa Baumeister, unseren beiden Gewerkschaftssekretärinnen, konnten wir durchsetzen, dass die Versammlung wie ursprünglich geplant im Gewerkschaftshaus in Köln stattfinden konnte. Wir waren selbst überrascht davon, wie leicht es am Ende war, *Deliveroo* allein in diesem ersten offenen Konflikt in seine Schranken zu weisen. Für unser Selbstbewusstsein war dieser kleine Sieg Gold wert.

Jetzt durften wir nur keine Fehler mehr machen. Formal war die Gründung eines Betriebsrates nicht so leicht zu bewerkstelligen. Ich wurde zusammen mit zwei meiner Kolleg:innen in den Wahlvorstand berufen. Es musste alles ganz genau und korrekt nach dem Betriebsverfassungsgesetz ablaufen. Wenn wir die vielen Vorschriften nicht alle beachteten oder aus Unwissenheit einige der Punkte unter den Tisch fallen ließen, konnte *Deliveroo* die Ergebnisse der Versammlung anfechten und wir hätten wieder von vorn beginnen müssen. Mir war die symbolische Bedeutung dieser allerersten Betriebsversammlung eines deutschen Lieferdienstes durchaus bewusst. Wir im Wahlvorstand waren mit der Aufgabe betraut, die Demokratie durch die Werktore eines Konzerns zu tragen. Oder weniger melodramatisch formuliert: Unser Job war es, dafür zu sorgen, dass an diesem Tag alles korrekt zuging und eine Entscheidung gefällt werden konnte, die *Deliveroo* akzeptieren musste. Wir wussten: Jeder noch so banale formale Fehler wäre ein gefundenes Fressen für die Geschäftsführung. Zum Glück lief auf der Versammlung alles glatt. Über hundert Rider waren tatsächlich ins Gewerkschaftshaus gekommen und votierten mit überwältigender Mehrheit für die Gründung eines Betriebsrates. Bis zuletzt hatte unser Arbeitgeber mit subtilen und auch weniger subtilen Drohgebärden versucht, unsere Vollversammlung zu diffamieren. Offiziell verbieten konnten sie die Veranstaltung nicht, denn das wäre unter juristischen Gesichtspunkten Betriebsratsverhinderung gewesen und damit ein Strafbestand. Allerdings hatte die Führungsriege des Unternehmens einen offiziellen Beobachter geschickt. Dabei handelte es sich um einen Mann, der von allen Ridern gehasst und gefürchtet wurde, einer dieser kahl- und kantenköpfigen Muskelpakete, den sich die Geschäftsführung hielt, um seine Mitarbeitenden im Zweifel stabil einzuschüchtern. Nennen wir ihn Gargamel.

Es klingt wie ein Klischee, doch es ist wahr: Wir alle kannten diesen Pitbull mit der Ausstrahlung einer Abrissbirne, denn er führte die Feedback-Mitarbeitergespräche mit uns – und zwar in abgedunkelten Räumen. Da fragte er dann etwa mit leiser Stimme: »Du bist in den letzten sechs Monaten langsamer gewesen als in den ersten Monaten, woran liegt das? Willst du nicht mehr bei uns arbeiten?« Keine schönen Momente im Leben von Kölner *Deliveroo*-Ridern. Ich weiß, dass der muskelbepackte Gargamel auch im Bürokosmos der Firma nicht sonderlich beliebt war, aber man schien der Meinung zu sein, einen nützlichen Idioten könne jedes Unternehmen brauchen. Ausgerechnet dieser Mann tauchte dann auf unserer Vollversammlung auf und schaute sich unser Treiben wortlos und mit grimmiger Miene an. Es wäre gelogen, wenn uns sein Anblick nicht alle ein wenig verunsichert hätte.

Während wir in den Tagen nach der Vollversammlung schon gut damit beschäftigt waren, die anstehende Wahl des Betriebsrates so schnell wie möglich voranzutreiben, fuhr *Deliveroo* bereits die nächsten Attacken gegen unsere Kampagne. Wir wussten, dass wir jetzt schnell sein mussten. Schon am Folgetag der Versammlung trafen wir uns mit Vertreter:innen der NGG, um zu beraten, wie es weitergehen sollte. Da wir noch keinen Betriebsrat hatten und ihn quasi inmitten der laufenden Legislaturperiode gründen wollten, verfügten wir über das wertvolle Privileg, ein vereinfachtes Wahlverfahren nutzen zu dürfen. Das hieß: Statt der üblichen Fristen, die sich über Monate erstrecken konnten, durften wir die Wahlen innerhalb weniger Wochen einleiten. Das hieß, dass wir den Spielraum *Deliveroos* für weitere Attacken gegen uns deutlich reduzierten. Je mehr Zeit die Company erhalten würde, desto unangenehmer würde es für uns bis zum Tag X werden, das war uns klar. Allerdings war das der Geschäftsführung von *Deliveroo* ebenfalls bewusst. Es dauerte keine Woche, bis uns die nächsten Salven aus dem feindlichen Lager erreichten. *Deliveroo* ließ uns wissen, dass man einen potenziellen Betriebsrat nicht anerkennen wolle, falls er denn gewählt werden würde. Begründung: Wir seien ja gar keine richtige Firma, kein Betrieb. Die Argumentation entsprach der schamlosen Logik eines durch und durch skrupellosen Unternehmens. Ein Liefergebiet könne kein Betrieb sein, argumentierte man plötzlich, insofern sei die gesamte Betriebsvollversammlung plus Einberufung eines Wahlvorstandes nicht rechtskräftig gewesen. Wow! Gleichzeitig drohte *Deliveroo* offen damit, unsere befristeten Verträge nicht zu verlängern oder sogar zu kündigen. Sie ließen in einer Rundmail die gesamte bundesweite Belegschaft wissen, dass bedauerlicherweise in der Zukunft keine befristeten Verträge mehr verlängert und/oder vergeben würden. Das war natürlich der Versuch, den Betriebsrat schon zu zerstören, bevor er sich überhaupt etablieren konnte. Außerdem machte man durch diese Ankündigung gezielt Stimmung gegen uns, die Kölner Renegaten, die es gewagt hatten, sich für die Gründung eines Betriebsrates starkzumachen. Die Stoßrichtung war klar: Die Belegschaft im ganzen Land sollte Druck auf uns ausüben, denn wir waren ja wohl für diese Verschärfung der Vertragsumstände verantwortlich. Das Ende der befristeten Verträge und unsere gewerkschaftlichen Aktivitäten hingen schließlich ganz offensichtlich zusammen, das musste jedem klar sein, der sich mit der Situation bei *Deliveroo* halbwegs auskannte. Das Unternehmen ermutigte seine Rider in der besagten Rundmail ausdrücklich, demnächst als Freelancer im Unternehmen zu arbeiten. Das sei rentabler für die Belegschaft und mittelfristig vermutlich ohnehin die einzig verbleibende Option. Leider ließe die komplizierte Marktsituation keine Alternative zu. Übersetzt in Leichte Sprache hieß das aus der Perspektive der Firma: Die Kölner Rider wollen einen Betriebsrat, aber das finden wir nicht so sexy, weil wir euch auch alle weiterhin unkontrolliert ausbeuten wollen. Das geht besser, wenn wir euch zwingen, als Soloselbstständige zu arbeiten, weil ihr in dem Fall gar kein Recht auf Mitbestimmung mehr habt. Punkt. Noch deutlicher kann man nicht in die Welt hinausposaunen, dass man weder seine Mitarbeiter:innen respektiert noch generell ein Freund der Demokratie ist. Es ist bizarr, wie wir solche antidemokratischen Tendenzen in Betrieben auch heute noch achselzuckend hinnehmen (müssen). Leben wir nicht in einem politischen System, das auf Gleichheit und Freiheit beruhen sollte?

Die nächsten Wochen wurden turbulent. Wir haben versucht, die Einschüchterungsversuche *Deliveroos* mit der Hilfe der NGG auszusitzen und nicht an uns herankommen zu lassen. Einfach war das nicht. Formal konnten wir die Angriffe abwehren, indem wir darauf hinwiesen, dass die meisten von uns ja noch angestellt waren und somit ein Recht auf demokratische Mitbestimmung hätten. Wir teilten *Deliveroo* mit, dass wir an der Wahl des Betriebsrates festhalten würden, woraufhin die Firma mit einer Klage gegen eine Kollegin im Wahlvorstand drohte: Sie sei als Soloselbstständige gar nicht berechtigt, solch einem Vorstand anzugehören. Dieser Vorwurf musste schließlich im Schnellverfahren juristisch – zu unseren Gunsten – geklärt werden.

Doch wie reagiert man auf Versuche, die uns auf persönlicher Ebene angriffen? Keno Böhme beispielsweise, der sich in dieser Zeit besonders stark für unsere Ziele engagierte, erzählte uns eines Tages, dass er mitten in der Nacht von unserem CEO aus dem Schlaf geklingelt und am Telefon als Krimineller beschimpft worden war. Auch ich selbst wurde zusammen mit meiner Kollegin aus dem Wahlvorstand Opfer eines solchen Einschüchterungsversuches. Das war, als wir beide gemeinsam im *Deliveroo*-Büro in Köln vorsprachen, um dort die Wahl des Betriebsrates anzukündigen. Gern tauchten wir dort nicht auf, aber wir hatten keine andere Option. Betrieblich relevante Informationen wie die bevorstehende Wahl eines Betriebsrates mussten den Mitarbeitenden einer Firma am Schwarzen Brett bekannt gemacht werden. Da wir so etwas nicht hatten, mussten wir alle relevanten Informationen auf einem Plakat innerhalb der *Deliveroo*-Räumlichkeiten an einer Wand aufhängen. Wer öffnete uns die Tür des Büros? Genau – unser Gargamel. Er baute sich vor mir auf, kam ganz nah an mich heran wie bei einer Rudelbildung zwischen Fußballern und Schiedsrichtern und fragte mich auf seine tonlos bedrohliche Art:

»Orry, wieso zerstörst du deine Karriere? Du hättest dir hier etwas aufbauen können, aber jetzt bist du raus.«

Ich bin immer noch sauer auf mich selbst, dass ich mich in diesem Moment einschüchtern ließ und ihm nicht mal in die Augen sehen konnte. Dabei war sein Vorgehen schon eine Straftat. Er hat ein Mitglied des Wahlvorstands eingeschüchtert. Ich hätte die Polizei rufen können, aber das wusste ich zu diesem Zeitpunkt noch nicht. Vom Büropersonal sprach zu diesem Zeitpunkt schon niemand mehr mit mir. In deren Augen war ich vom *Rider Captain* zum Verräter geworden. Dabei hätte ein Betriebsrat theoretisch auch ihre Interessen vertreten. Aber das wollte nicht in die Köpfe dieser Menschen hinein. Im Zweifel hätte die knallharte Führungsriege auch ihre Büroangestellten, ohne mit der Wimper zu zucken, über die Klinge springen lassen, da bin ich mir rückblickend ziemlich sicher. Aber das wollten die Schreibtisch-BWLer lieber nicht wahrhaben.

Wir konnten *Deliveroo* in diesen Tagen diverse Male in ihre Schranken weisen, trugen an verschiedenen Fronten weitere kleine Siege davon. Trotzdem war unsere Situation alles andere als rosig. Jeder Einzelne von uns war nur noch maximal sechs Monate fest angestellt, danach würden unsere Verträge mit Sicherheit nicht mehr verlängert. Das hieß, dass uns nur noch einige Monate blieben, um eine Betriebsratswahl durchzuführen und den Betriebsrat dann auch effektiv zu organisieren. Was also tun? Wir brauchten eine Strategie, die kurzfristig dazu führte, dass *Deliveroo* seinen eingeschlagenen Kurs änderte. Wir hatten keine Zeit mehr, um auf die Heilkraft eines Betriebsrates zu warten. Bis der sich konstituiert und erste Maßnahmen erkämpft hätte, wären unsere Verträge längst ausgelaufen und mit uns die Möglichkeit, sich innerbetrieblich zu organisieren. Wir brauchten einen stabilen Eisberg, um diesen riesigen und dabei so reaktionären *Deliveroo*-Dampfer von seinem Kurs abzubringen.

»Es ist eine alte Wahrheit, dass man in der Politik oft vom Feinde lernen muss«, hat Lenin einmal gesagt. Zu jener Zeit fuhr *Deliveroo* eine umfangreiche Kampagne in den sozialen Medien, eine ziemlich erfolgreiche dazu. Es ging inhaltlich darum, sich von den Bewerbern auf dem Markt der Essenslieferanten abzusetzen. Das verschaffte dem Unternehmen viel Aufmerksamkeit und machte den Firmennamen in Windeseile im ganzen Land bekannt. Schnell war uns klar: Wenn wir eines konnten, dann war es Social Media. Wir waren jung und divers aufgestellt – wieso sollte uns das mit der Bekanntheit und der Strahlkraft nicht auch gelingen? Allerdings hatten wir dabei eine ganze andere Botschaft als *Deliveroo* im Sinn. Wir wollten das Narrativ infrage stellen, dass Essenslieferdienste für uns Rider eine hippe, coole Form der Erwerbstätigkeit war. Wir wollten beweisen, dass es sich in der derzeitigen Form um knallharte Ausbeutung handelte. Innerhalb kürzester Zeit schafften wir es, eine Onlinekampagne aus dem Boden zu stampfen. Dass diese Kampagne in naher Zukunft zu einem etablierten und erfolgreichen Teil der NGG selbst werden würde und bundesweite Bekanntheit erlangen würde, hätte sich keiner von uns vorstellen können. Zumal wir ein paar Wochen benötigten, um uns auf die Zielrichtung, das Wording und vor allem den Namen der Kampagne zu einigen. Wir waren eben ein bunter Haufen, agierten auf unterschiedlichen sozialen Leveln, verfügten über vielfältige Kompetenzen und politische Ansichten. Es dauerte, bis wir uns zusammengerauft hatten, aber am Ende fanden wir einen Konsens.

Dieser Name trägt unsere Botschaft heute noch und sitzt perfekt: *Liefern am Limit!*

13
No Limits

»Wo die Arbeiter einzeln aufgetreten sind, [haben] sie nie etwas erreicht.«

Friedrich Wilhelm Fritzsche

7. Februar 2018. Ein Datum, das ich nie wieder vergessen werde. Es markiert für mich persönlich einen Einschnitt. Es ist der Tag, an dem die engagierten Rider unter uns, die sich entschlossen hatten, etwas gegen die willkürlichen Arbeitsbedingungen zu unternehmen, aus der eigenen Filterblase heraustraten und in der Öffentlichkeit sichtbar wurden. Bis zu diesem Tag hatten wir es zwar geschafft, eine Betriebsversammlung einzuberufen und die Wahl eines Betriebsrats zu beschließen. Allerdings hatten das bis dahin nur ein paar Hundert Rider und natürlich unser Dienstherr mitbekommen.

Deliveroo hatte bereits begonnen, flächendeckende – oder in diesem Fall eher flächenbereinigende – Maßnahmen zu ergreifen, indem das Unternehmen feste Arbeitsverträge auslaufen ließ und neue Mitarbeitende nur noch auf der Basis selbstständiger Arbeit verpflichtete. Damit war abzusehen, dass unsere jüngsten Erfolge in einigen Monaten vergessen sein würden. Wenn *Deliveroo* in Zukunft nur noch soloselbstständige Rider in seinen Reihen hatte, gäbe es keine Grundlage mehr für einen Betriebsrat. Denn laut dem Betriebsverfassungsgesetz dürfen nur Arbeitnehmer eines Betriebs in den Betriebsrat gewählt werden, keine selbstständig Beschäftigten.

Doch immerhin war unsere Onlinekampagne *Liefern am Limit* gut angelaufen. Wir hatten unsere Rollen aufgeteilt, um so effizient wie möglich zu agieren: Ich war als politischer Referent und Sprecher eingeteilt, unser kreatives Genie Keno Böhme entwickelte ein passendes Logo und war generell für das Design der Kampagne verantwortlich, die Kollegin Sarah Henkes übernahm die Öffentlichkeitsarbeit. Schon nach kurzer Zeit erreichten wir sehr viel mehr Menschen, als wir uns erträumt hatten, unsere Reichweite stieg beachtlich. Likes und Follower nahmen täglich zu. Im Grunde eine sehr erfreuliche Entwicklung. Doch das reichte uns nicht. Während *Deliveroo* im Hintergrund bereits Fakten schuf, sammelten wir zwar Sympathien und Solidarität mit unserer Sache ein, aber das hatte noch keine spürbaren Auswirkungen. Wir überlegten gemeinsam mit Lara Schimmel und Lisa Baumeister, was wir tun sollten, denn wir wussten: Wir brauchen eine krasse Aktion! Die beiden kamen schließlich auf die Idee, in einen Warnstreik zu treten, ohne das Wort Streik offiziell in den Mund zu nehmen. »Macht doch einen Flashmob!«, schlugen sie vor. Ein echter Streik war vorerst noch nicht umzusetzen. Der Grund: Wir waren bislang nur in einer Stadt gut organisiert, aber noch nicht in der Fläche. Was wir aber legal organisieren konnten, war ein Flashmob. Die Idee klang gut, also versuchten wir, so schnell wie möglich sehr, sehr viele Rider zu mobilisieren. Die beiden Gewerkschafterinnen nutzten darüber hinaus ihre Medienkontakte, um die Aktion bekannt zu machen. Die Rider – und alle Verbündeten und Sympathisanten unseres Arbeitskampfes – sollten am 7. Februar 2018 auf dem Rudolfplatz im Zentrum Kölns zusammenkommen, um dort auf unsere Arbeitsbedingungen und den Kampf um einen Betriebsrat hinzuweisen. Je mehr, desto besser. Niemand von uns hätte sich auch nur im Ansatz vorstellen können, was dann geschah.

Ehrlich gesagt hatte ich nicht damit gerechnet, dass die Aktion ein so großer Erfolg werden könnte. Ich befürchtete, dass nicht annähernd genug Rider kommen würden, um unsere so groß angekündigte Aktion an einem so belebten Ort wie dem Rudolfplatz überhaupt sichtbar zu machen. Das wäre eine ziemliche Blamage gewesen und für unser Selbstbewusstsein auch kein guter Move, wenn schon unsere erste öffentliche Aktion in die Hose gehen würde. Ein paar Minuten vor dem offiziellen Beginn des Flashmobs schienen sich meine Befürchtungen zu bewahrheiten. Ein paar Menschen mit gezückten Fotoapparaten liefen umher, auch einige offiziell aussehende Journalist:innen mit großen Objektiven. Doch keine Rider weit und breit. Stattdessen nur einige Damen und Herren in Zivil, die sich offenbar fragten, was hier wohl so abgehen würde.

Aber mit Letzterem lag ich ganz falsch. Laura Schimmel und Lisa Baumeister erklärten mir flüsternd: »Das sind wichtige Persönlichkeiten aus der Politik, die euch unterstützen wollen.«

Das Spezifische an einem Flashmob ist ja bekanntlich, dass er sich wie aus dem Nichts entwickelt, schnell kulminiert und sich nach kurzer Zeit wieder auflöst. Wenn ich darüber damals einen Moment länger nachgedacht hätte, wäre ich sicher nicht so nervös gewesen, als fünf Minuten vor dem vereinbarten Termin noch immer kein Rider zu sehen war. Pünktlich auf die Minute aber tauchte wie aus dem Nichts eine unübersehbare Riderflut den Rudolfplatz in ein Meer aus Türkis und Pink. Pink? Allerdings. In einem solidarischen Akt hatte sich auch die Belegschaft von *Foodora* ihren Kollegen von *Deliveroo* angeschlossen. Ein grandioser Anblick, so unglaublich viele Rider auf einem Fleck für unsere gemeinsame Sache eintreten zu sehen. Dieser Tag entschädigte zwar nicht für alles, was wir in den letzten Monaten erduldet hatten, aber er war ein Symbol dafür, dass sich aus diesem ganzen *Deliveroo*- und *Foodora*-Wahnsinn eine dynamische und solidarische Gemeinschaft ausgebildet hatte. Eine Gemeinschaft, die für ihre Rechte auf die Straße ging und sich nicht länger gängeln lassen wollte.

Auch medial war der Flashmob ein großer Erfolg. Der *WDR* war vor Ort, die *ARD-Tagesschau,* das *ZDF,* die Kölner Zeitungen ohnehin, aber auch überregionale Blätter. Sogar einige Bundestagsabgeordnete haben uns unterstützt. Wohin man schaute, sah man Flaggen, Banner, Fahrräder, Lieferboxen, solidarische Zuschauer, Kameras und Politiker:innen aus allen Ebenen. Alle waren da, um uns zuzuhören und uns zu unterstützen. Kein Wunder: Die Lieferdienste waren in den letzten Monaten in den deutschen Großstädten zusehends sichtbarer geworden. Jeder nahm die bunten Rider wahr – da war es natürlich interessant, wenn dieser neue Player auf dem Arbeitsmarkt einmal gründlich durchleuchtet wurde. *Foodoras* BWL-Justus hätte unseren Flashmob vermutlich eingeordnet unter »Der Kick-off erzielte eine hervorragende *High Performance*«. Beim Gedanken daran muss ich schon ein wenig lächeln …

Auf einen Schlag waren die Arbeitsbedingungen bei *Deliveroo* Tagesthema in den Medien. Nach und nach färbte dieses öffentliche Interesse auch auf die anderen Lieferdienste ab. Wir trafen politische Persönlichkeiten, die wir sonst nur aus dem Fernsehen kannten, und gaben lange Interviews in vielen unterschiedlichen Medien. Unser Ziel war es, möglichst großen öffentlichen Druck auf *Deliveroo* zu organisieren, verbunden mit der leisen Hoffnung, dass wir unseren Betriebsrat nicht nur gründen, sondern auch behalten können würden. Schnell erkannten wir, dass wir das Potenzial unserer eigenen *Liefern-am-Limit*-Kampagne völlig unterschätzt hatten. Wir wuchsen rasant schnell, waren bundesweit Gesprächsthema und etablierten schon recht bald eine gewisse Routine im Umgang mit den Medien. Ich wunderte mich über zwei Dinge: Erstens, dass man uns Rider tatsächlich ernst nahm und anhörte. Ich war das einfach nicht gewohnt und hatte es auch nicht erwartet – im Hinblick auf meine Sozialisation auch keine Überraschung. Punkt zwei: Wie schnell wir selbst, die wir vor ein paar Monaten noch nicht einmal wussten, was eine Gewerkschaft überhaupt war, diese neue Welt adaptierten. Es fühlte sich gut an, dass wir plötzlich auf Augenhöhe mit Menschen kommunizierten, von denen wir nie gedacht hätten, dass sie sich für unsere Belange interessieren könnten. Wir lernten innerhalb kürzester Zeit, wie man so eine Kampagne koordiniert, wo man sich zeigt und wo besser nicht, wie man seine Themen effektiv setzt und dabei Verbündete findet. Wir verstanden so langsam, wie man sich in politischen Kontexten bewegt und handelt.

Zu Beginn unserer Kampagne konzentrierten wir uns ausschließlich auf *Deliveroo*, weil wir ja vor allem die Zerschlagung unseres Betriebsrates skandalisieren wollten. Dabei war *Deliveroo* bei Weitem nicht der einzige problematische Lieferdienst. Wenn wir nachhaltigen Erfolg haben wollten, mussten wir auch die Kolleg:innen bei den anderen Lieferdiensten von unserer Sache überzeugen. Nur wie? Glücklicherweise waren wir nicht allein unterwegs, sondern wussten die NGG an unserer Seite. Dort hatte man nach anfänglicher Skepsis vor allem unsere erfolgreiche Social-Media-Kampagne auf Facebook und Instagram registriert. So wurden wir auch von der NGG schnell als dynamischer Teil ihrer Institution wahrgenommen, vor allem aber als ein ernst zu nehmender lästiger Störenfried für *Deliveroo*. Wer hätte das drei Monate zuvor gedacht?

Haben wir auch Fehler gemacht? Natürlich. Bei all der Zufriedenheit über unsere erfolgreiche Kampagne blieb uns doch nicht verborgen, was schiefgelaufen war beziehungsweise noch optimiert werden musste. Ich glaube, gerade in Arbeitskämpfen gehört es zu den wichtigsten Punkten, Kritik aufrichtig und konsequent anzunehmen. Sich immer wieder zu hinterfragen und entsprechend neu zu justieren. Dass wir zuerst nur für *Deliveroo* sprachen, war die eine Sache. Dass wir generell ausschließlich in deutscher Sprache agierten, eine andere. Wir wunderten uns, warum sich in den ersten Wochen nur die deutschsprachigen Rider für unser Engagement interessierten. Dabei saßen doch bei unseren üblichen Feierabendtreffen nach dem Job im Stadtgarten auch stets Menschen aus vielen verschiedenen Ländern zusammen, die meisten von ihnen ohne besonders große Kenntnisse der deutschen Sprache. Uns wurde klar: Man verstand uns nicht, weil wir unsere Veranstaltungen viel zu häufig nur auf Deutsch abhielten. Einige fühlten sich ausgegrenzt und damit eben nicht auf Augenhöhe oder mit Respekt behandelt.

Erst durch die klare Kritik aus dem migrantischen Teil der Belegschaft begriffen wir, dass wir im Prinzip genau das reproduzierten, was wir im Grunde bekämpfen wollten. Wir wollten für soziale Gerechtigkeit sorgen und im Eifer des Gefechts vergaßen wir völlig, dass wir selbst eine diverse Belegschaft aus allen Ecken der Welt waren. Wir hatten unbeabsichtigt einen Teil von ihnen allein durch die Sprache ausgeschlossen. Und das war der Knackpunkt: Wie sollten wir von Menschen aus anderen Ländern erwarten, dass sie mitkämpften, wenn wir es nicht einmal schafften, unsere Botschaft in ihren Sprachen zu kommunizieren? Einen Arbeitskampf zu organisieren, erfordert viel Vertrauen, Beziehungsarbeit, aber eben auch die nötige Sensibilität, um allerlei Barrieren – Sprachbarrieren! – aus dem Weg zu räumen. Diese Arbeit mag lästig und schwer sein, ist aber für einen starken und schlagkräftigen Arbeitskampf unerlässlich.

Es war unsere Aufgabe zu vermitteln, dass wir keineswegs unfehlbar und noch relativ unerfahren waren. Trotzdem waren wir gleichzeitig wild entschlossen, voneinander zu lernen. Arbeitskämpfe sind tricky. Vertrauen zu gewinnen, dauert Jahre. Es zu verlieren, ist manchmal nur eine Frage von Sekunden. Das mussten wir gerade beim Thema Sprache schnell und auf die harte Tour lernen. Aber auch dieses Problem haben wir gemeinsam überwinden können, indem wir offen und selbstkritisch in den Dialog gingen. Wir lernten: Zukünftig müssen wir unsere Arbeitskämpfe intersektional gestalten. Mit den beiden Frauen der NGG hatten wir zumindest versierte Beraterinnen an unserer Seite, die unsere Arbeit und unsere Strategien nüchtern analysierten und uns mit dem nötigen Rüstzeug versorgten. Und das alles auf eine beinahe freundschaftliche Art und Weise. Im Grunde lebten sie eine altehrwürdige Tradition der Gewerkschaften: Sie empowerten Lohnarbeiter:innen wie uns bei unserem eigenen Arbeitskampf. Das sind große Worte, aber genau so haben wir es empfunden. Und uns so gefühlt: empowert.

Derweil ächzte und krachte es in der Welt der Essenslieferdienste. Der Markt war inzwischen zu einem brutal umkämpften Schlachtfeld der großen drei mutiert: *Foodora, Deliveroo* und *Lieferando* belauerten sich auf dem deutschen Markt mit Messern zwischen den Zähnen. Es war klar, dass nicht alle Dienstleister auf dem verhältnismäßig kleinen deutschen Markt überleben würden. Das große öffentliche Echo auf unsere Kampagne ging nicht spurlos an *Deliveroo* vorbei. Selbstverständlich änderte sich nichts im Umgang mit uns Fahrern. Wie gleich zu Anfang unserer Kampagne angekündigt, wurden viele unserer Verträge nicht verlängert oder in soloselbstständige Beschäftigungsverhältnisse umgewandelt. Nur nach außen, da kommunizierte *Deliveroo* plötzlich so wachsweich und salbungsvoll, als sei dem als Start-up verkleideten Großkonzern nichts wichtiger als das Wohlergehen seiner Mitarbeitenden. So mussten wir zu unserer Überraschung in dem inhaltlich sehr zutreffenden Artikel »Aufstand der Essenskuriere« auf *ZEIT ONLINE* lesen: »Der Markt in den Städten ist umkämpft, der Druck ist groß, ihr Geschäft profitabel zu bekommen. Aber erschweren sie deswegen die Gründung eines Betriebsrates? Das Start-up *Deliveroo* verneint diese Frage gegenüber *ZEIT ONLINE* und betont das gute Verhältnis zu den Kurieren: ›*Deliveroo* ist im aktiven Austausch mit allen Fahrern, die mit uns in Deutschland kooperieren, um sicherzustellen, dass sie weiterhin gern mit uns arbeiten.‹ Das belege auch die hohe Zufriedenheit der Fahrer. ›Wir führen den Dialog auf unterschiedlichste Weise – über den Betriebsrat als auch verschiedene andere, bereits etablierte Formen.‹«

Gutes Verhältnis? Hohe Zufriedenheit? Wenn's nicht so armselig gewesen wäre, hätten wir vierundzwanzig Stunden am Stück gelacht über die unverfrorenen Lügen unseres Arbeitgebers. Boy, sich die Welt türkis zu denken, schien eine exklusive *Deliveroo*-Superkraft zu sein. Allerdings machte die öffentliche Resonanz unseres Protestes auch den Rest der *Big Three* offensichtlich etwas nervös. So fühlte sich Branchenprimus *Lieferando* gegenüber der *Süddeutschen Zeitung* offenbar dazu aufgerufen, das Fehlen eines Betriebsrates im eigenen Haus als einen Ausdruck einer gewissen hippen Firmenkultur zu bezeichnen. Man kümmere sich bereits um die Belange seiner Fahrer. »Ein Betriebsrat hingegen, teilt Lieferando mit, entspricht ›grundsätzlich nicht unserer Kultur als junges sowie modernes und offenes Unternehmen‹.«

Damit offenbart *Lieferando* ein sehr bedenkliches Demokratieverständnis. Mitbestimmung in Betrieben ist keine Frage des Lifestyles, sondern ein demokratisches Grundrecht. Wie kann man solch eine haarsträubende Aussage in die Welt setzen und wahrhaftig glauben, Demokratie habe am Arbeitsplatz nichts verloren? Die meisten Menschen verbringen extrem viel Zeit ihres Lebens bei der Arbeit. Wo könnte das Anrecht auf Mitbestimmung wichtiger sein als hier? Eine Art Feudalismus, so wie ihn *Lieferando* propagiert, erscheint mir nicht einmal halb so sexy, wie die Firma glaubt. Und ist nebenbei auch eine schlechte Botschaft für alle, die außer ihrer Arbeitskraft nichts in die Waagschale werfen können.

Was von diesem so absurd unlogischen, aber immer noch gern erzählten Start-up-Mythos zu halten ist, hat der SPD-Digitalpolitiker Yannick Haan in der *taz* vom 12. Juli 2021 noch einmal prägnant zusammengefasst: »Was uns als große ›Freiheit‹ verkauft wird, ist in Wirklichkeit das genaue Gegenteil. Hinter Werbeversprechen wie dem einer zwanglosen Community steckt vor allem die Ablehnung staatlicher Regulierung: Der Vorrang der Ökonomie vor der Politik. Es ist eine spätkapitalistisch digitale Traumwelt, die immer weiter fortschreitet. Doch wollen wir Freiheit wirklich so für uns definieren?«

Wenn man mich fragt – auf keinen Fall. Aber ohne unseren Kampf wird es genauso enden.

Es lohnt sich an dieser Stelle, vom Arbeitskampf damals kurz ins Heute, ins Jahr 2024, zu springen. Denn mittlerweile haben Hunderte von Ridern zusammen mit *Liefern am Limit* an verschiedenen Standorten des aktuellen Marktführers *Lieferando* Betriebsräte gegründet, es gibt sogar einen Gesamtbetriebsrat. Ich finde, die Aussage »Das entspricht nicht unserer Kultur als junges, modernes und offenes Unternehmen« ist damit erfolgreich entzaubert. Die Fahrer:innen fanden die Unternehmenskultur vielleicht doch nicht gut genug, um weiterhin ohne Betriebsrat zu arbeiten. Wie gut, dass sich diese grandiosen Menschen für ihre demokratischen Rechte eingesetzt haben und es weiterhin tun.

14 Nach der Wahl

»Die Zukunft ist digital. Das muss einem nicht gefallen. Aber das ändert nichts an der Entwicklung. Und deshalb müssen wir anfangen, uns ernsthaft mit der digitalen Demokratie zu beschäftigen.«

Jörg Sommer, Sozialwissenschaftler

Eine Woche nach dem Flashmob am Kölner Rudolfplatz war es so weit. Aufbauend auf unsere erfolgreiche Betriebsversammlung, konnte die Betriebsratswahl im Februar 2018 endlich im DGB-Haus am Hans-Böckler-Platz stattfinden. Schon die kurze Zeit zwischen Flashmob und diesem Termin war turbulent, aber nach der Wahl ging es erst recht Schlag auf Schlag. Die Berichterstattung in allerlei Medien nach unserer erfolgreichen Aktion hatte dafür gesorgt, dass sich Politiker parteienübergreifend bei uns meldeten. Gregor Gysi solidarisierte sich mit uns, Bundesarbeitsminister Hubertus Heil kam zu Besuch, die Grünen wollten uns treffen. Plötzlich waren wir durchgängig mit hochrangiger Politprominenz im Gespräch. Wir wurden im Mai 2018 eingeladen, auf dem Deutschen Gewerkschaftstag eine Rede zu halten. Ich habe das – als frisch gewählter Betriebsratsvorsitzender zusammen mit meiner Kollegin Henkes – übernommen. Das war erst meine zweite Rede vor großem Publikum – zur ersten später mehr.

Diesmal sprach ich vor Tausenden von Gewerkschafter:innen, die aus ganz Deutschland gekommen waren, um den neuen Gewerkschaftsvorsitzenden zu wählen und den Kurs des DGB für die nächste Legislaturperiode festzulegen. Es war, sagen wir, ... herausfordernd. Und das ist ein echter Euphemismus. Ich hatte Kopfschmerzen beim Gedanken, eine Rede halten zu müssen. Dabei war auch wenig hilfreich, dass man mir vorher empfahl, aus dem Herz heraus zu sprechen. Mein Herz wollte nicht sprechen. Es wollte einen Abflug machen – und das nicht zu knapp. Ich hatte einerseits die Hosen voll, vor diesem großen und (aus meiner Sicht) eminent wichtigen Publikum zu sprechen. So ein öffentlicher Auftritt hatte bis dahin nicht zu meinem regelmäßigen Freizeitvergnügen gezählt. Trotzdem, bei all meinem verständlichen Lampenfieber, hat mir die Rede dann überraschenderweise auch Spaß gemacht. Da oben zu stehen, alle Augen auf mich gerichtet, das fühlte sich irgendwie surreal an. Dieser Moment allein, wenn man auf dem Podest steht, den Blick auf die Menschenmenge vor sich richtet und plötzlich alles, jede noch so kleine Bewegung wahrnimmt. Wie überwältigend es sich anfühlt, wenn gegensätzliche Impulse gleichzeitig um die Kontrolle kämpfen. Wie es ist, sich gleichzeitig berauscht, ängstlich, ermutigt und kämpferisch zu fühlen.

Bis zu dem Moment, wo aus all diesem emotionalen Chaos endlich Klarheit wird, war es tricky. Aber meine tiefe Überzeugung, einen richtigen Weg eingeschlagen zu haben, half mir, öffentliche

Auftritte wie diesen durchzustehen. Meine Erfahrungen als Rider und meine daraus entstandenen politischen Ein- und Ansichten öffentlich zu machen, gaben mir Kraft und Leidenschaft. Und diese Leidenschaft übertrug sich auf mein Publikum. Vor mir saßen Tausende von Gewerkschafter:innen, kluge und abgeklärte, engagierte Menschen, die sich über die Abgründe der Plattformökonomie informieren wollten und sich für die Lebens- und Arbeitsrealität von uns Ridern interessierten. Die sich gemeinsam mit uns empörten und kämpfen wollten. Wir spürten, wie mit uns eine richtige Zeitenwende auf dem Sektor der Lieferdienste entfacht wurde. Eine Zeitenwende, die vom DGB auf dem 21. Ordentlichen DGB-Kongress in Form einer Resolution auch einen offiziellen Anstrich erhielt. In dieser Resolution solidarisierten sich alle acht Mitgliedsgewerkschaften des DGB mit unserer Sache:

»Der 21. Ordentliche DGB-Bundeskongress erklärt insbesondere den Betriebsrätinnen und Betriebsräten von *Deliveroo* seine uneingeschränkte Solidarität und Unterstützung für die Wiedereinstellung und die Entfristung ihrer Arbeitsverträge. Unsere Solidarität gilt zugleich den von der Umwandlung ihrer Arbeitsverträge in fragwürdige und prekäre Selbstständigkeit betroffenen Beschäftigten bei *Deliveroo.*«

Dass sich eine fast sechs Millionen Mitglieder zählende politische Institution so nachdrücklich für uns einsetzte, war für uns schwer zu glauben – mit solch einem riesigen Erfolg hatten wir niemals gerechnet. Mitverantwortlich dafür waren zwei Personen, die ich hier ausdrücklich erwähnen möchte. Die damalige Bundesvorsitzende der NGG, Michaela Rosenberger, und Witich Roßmann stellten den Antrag für die oben angesprochene Resolution. Roßmann, der promovierte Politikwissenschaftler, war lange Zeit der Erste Bevollmächtigte der IG Metall in Köln und ist über seinen verdienten Ruhestand hinaus bis heute Vorsitzender des DGB-Stadtverbands in Köln. Von Anfang an unterstützte er unseren Kampf ohne Vorbehalte, ohne ihn hätten wir zu vielen Bereichen keinen Zugang gehabt. Ohne ihn wären wir auch nicht mit dem Hans-Böckler-Preis der Stadt Köln ausgezeichnet worden. Und für mich ist er so was wie eine Art Mentor in der gewerkschaftlichen Arbeit.

Am 1. Mai 2019, also ungefähr ein Jahr nach der Gründung unseres Betriebsrates, wurde *Liefern am Limit* dieser renommierte Preis zuerkannt, gemeinsam mit dem berühmten Enthüllungsjournalisten Günter Wallraff. Witich Roßmann hielt die Laudatio, er sprach dabei auch über unsere Arbeit mit *Liefern am Limit:*

»Was als flexible Kombination von Freizeitsport mit Geldverdienen erscheinen mag, haben Sarah Henkes, Orry Mittenmayer, hat das Projekt ›Liefern am Limit‹ als Kombination modernster digitaler Plattformökonomie mit Arbeitsverhältnissen des 19. Jahrhunderts enthüllt. Und sie haben uns als Gewerkschaften nicht nur die neuen Themen und Herausforderungen präsentiert, sondern entwickeln auch gemeinsam mit uns neue Strategien für Mitbestimmung in der digitalen Ökonomie. Sie haben erstmalig in dieser Branche Betriebsräte in Köln etabliert, ihre Initiativen strahlen aber schon jetzt gleichermaßen bundesweit und europäisch aus.«

Für mich persönlich war diese Zeit zweifellos ein Wendepunkt in meinem Leben. Ich fühlte mich immer weniger als hilfloser Betroffener, der einer unsäglichen Situation ausgeliefert war. Auf einmal war ich ein – wenn auch erst einmal in einem überschaubaren Rahmen – politischer Aktivist mit einer Agenda und der Hoffnung, tiefgreifende Umwälzungen in unserer Arbeitswelt (mit)anschieben zu können und selbst zu bestimmen, wie sich mein Arbeitsalltag gestaltete. Man kann es gar nicht oft genug sagen: Dieses Bewusstsein ist nicht nur befreiend, es verschafft auch eine dringend notwendige Klarheit darüber, wie wir unsere Zukunft gestalten wollen. Genau wie bei mir dauert es allerdings auch bei den meisten anderen Menschen, bis sich dieses Bewusstsein entwickelt. Und der Weg dahin ist sicherlich oft kein leichter.

Aber zurück zur Betriebsratswahl: Als wir am 19. Februar 2018 in Köln in großer Runde zusammengekommen waren, leitete ich als Wahlvorstand die erste konstituierende Betriebsratssitzung ein und wurde anschließend zum Betriebsratsvorsitzenden gewählt. Mir war in diesem Moment nicht klar, wie sehr diese Rolle mein zukünftiges Leben beeinflussen würde. An diesem Tag war es erst mal nur ein schnöder Titel für mich, so nach dem Motto »Einer muss es ja machen«. Andererseits fühlte ich mich auch nicht fehlbesetzt. Ich wollte den Betriebsrat schließlich voranbringen, wollte mit ganzem Herzen unseren Kampf vorantreiben. Da interessierte mich mein Posten nicht wesentlich mehr als die Tatsache, dass die Erde rund ist. Er war einfach ein Mittel zum guten Zweck.

Es scheint mir ein weitverbreitetes Missverständnis über die Rolle eines Betriebsratsvorsitzenden zu existieren. Eine irrige Annahme ist, dass Personen, die dieses Amt innehaben, als der mächtige King schlechthin im Betrieb gelten. Als eine Person, die mit Exekutivmacht ausgestattet ist. Das könnte nicht weiter von der Realität entfernt sein. Zu meinen Aufgaben als Vorsitzender gehörte es, den gesamten Betriebsrat nach außen zu repräsentieren. Kurz gesagt: Ich war der Punchingball und das Gesicht des Betriebsrates, aber keineswegs derjenige, der alles allein zu entscheiden hatte. Wenn es Ärger gab, erreichte der mich zwar zuerst. Mein Job war es aber dann, die jeweiligen Themen in den Betriebsrat hineinzutragen. Dort wurde dann ergebnisoffen diskutiert, meine Ansicht zählte nicht mehr als jede andere meiner Kollegen.

Darüber hinaus war ich allerdings verantwortlich für formale, zugegeben etwas trockenere bürokratische und organisatorische Sachen wie die Einladung und die Leitung von BR-Sitzungen, das Unterschreiben von Protokollen und so weiter ... Bürokratie on the rocks!

Um diese neuen Herausforderungen zu meistern, mussten wir zuweilen ein wenig improvisieren. Wir haben mein WG-Zimmer zum Beispiel zum Betriebsratsbüro umfunktioniert. Dort haben wir oft mehrere Tage am Stück durchgepaukt, haben versucht, Gesetzestexte zu verstehen, und dafür unser Sozialleben aufgegeben. Natürlich sind wir dabei manchmal auch richtig aneinandergeraten, dann musste man immer kurz raus, zusammen ein Bier trinken und sich wieder vertragen. Letztendlich sind wir aber in dieser Zeit zu einer kleinen Familie geworden. In diesen ersten Wochen meiner Tätigkeit als Betriebsratsvorsitzender lernte ich in kürzester Zeit mehr über Jura und Gesetze, als ich mir jemals erträumt hätte. Keine Übertreibung. Ich musste mir diese Kenntnisse aneignen, denn ansonsten wäre ich in der Auseinandersetzung mit den Anwälten von *Deliveroo* sehr schnell abgeschmiert. Und es waren nicht wenige Anwälte, die sich vor uns aufbauten.

Schon direkt im Anschluss an unsere konstituierende Sitzung – wir hatten gerade erst deren Ergebnisse und eine Liste mit den neuen Betriebsmitglieder:innen an *Deliveroo* übermittelt – erhielten wir ein Schreiben vom Unternehmen.

Eine Kollegin, die gewählt worden war, befand sich gerade in einem Streit mit der Firma darüber, ob sie noch Festangestellte oder schon Soloselbstständige war. Wäre sie selbstständig und damit nicht mehr offiziell Teil der Firma, wäre sie nicht dazu berechtigt, Mitglied im Betriebsrat zu werden. Für *Deliveroo* war die Sache klar: Jemand wie sie durfte nicht dazugehören, wir sollten sie aus dem Rat ausschließen und diesen Ausschluss auch unserem Arbeitgeber gegenüber kommunizieren. Meiner Ansicht nach ging es wie so oft vor allem darum, unser Standing zu schwächen und uns Formfehler zu unterstellen. Ein klassischer Versuch des sogenannten *Union Busting*, also des systematischen Versuchs, eine Arbeitnehmervertretung zu zerschlagen, indem erst mal alles bemängelt und infrage gestellt wird.

Doch wir ließen uns nicht voreilig kleinkriegen. Wir entschieden, uns von dem freundlichen Brief der *Deliveroo*-Anwälte nicht einschüchtern zu lassen, sondern mit gleicher Münze zurückzuzahlen. Wir einigten uns zuerst einmal darauf, erst im letzten Moment auf die Frist des Anwaltsschreibens zu reagieren. Inhaltlich war unsere Haltung eindeutig und sollte auch eine Signalwirkung haben: Wir waren *ein* Betriebsrat und würden unsere Kollegin bedingungslos unterstützen. Dazu gehörte, sich nicht herumschubsen zu lassen. Kurz vor Mitternacht am letzten Tag der Frist informierten wir *Deliveroo*, dass wir rechtlich gegen den Ausschluss aus dem Betriebsrat vorgehen würden. Aus unserer Sicht der Dinge war sie schließlich ein legitimes Mitglied. Zugegeben: Unsere Argumentation war rechtlich gewagt. Aber so ist das nun mal in der Plattformökonomie. Solange noch nicht alles geregelt und reguliert ist, herrscht dort Wilder Westen. Das kann Fluch und Segen gleichzeitig sein. In diesem Fall verloren wir vor Gericht nach langem Kampf, der unsere Chefs zunehmend verärgert hat. Aber das war es wert.

Gegen alle Widerstände

Es hat schon immer Frauen und Männer gegeben, die ihrer Zeit voraus waren. Die ihr vermeintliches Schicksal nicht akzeptiert, Verantwortung für sich und ihre Leidensgenoss:innen übernommen und sich gegen die Übel ihrer Zeit aufgelehnt haben. Der Gewerkschafter Friedrich Wilhelm Fritzsche ist einer von ihnen.

Mit neun Jahren war das Leben von Friedrich Wilhelm Fritzsche im Grunde vorbei. In diesem Alter wurde der uneheliche Sohn einer berufslosen Mutter und eines Berliner Schuhmachergesellen bereits in eine Tabakfabrik geschickt, um sich dort seinen Lebensunterhalt zu verdienen. Mit neun Jahren! Nach nur wenigen Jahren in der sogenannten Armenschule wurde das kränkliche Kind dort als »Zigarrenmacher« angelernt. Im 19. Jahrhundert war die Kinderarbeit weit verbreitet. Vor allem in Zigarrenfabriken wurden acht- bis zwölfjährige Kinder zum Entrippen und zum Anfeuchten des Tabaks eingesetzt. Das war nicht nur der Grund dafür, dass diese Kinder keine vernünftige Schulausbildung erhielten, auch ihre Gesundheit litt unter dem freigesetzten Dunst und dem Tabakstaub, der sich während ihrer Arbeit entwickelte.

Als Zigarrenmacher begab sich Fritzsche später im Rahmen einer typischen Zunftwanderschaft auf eine lange Reise durch die Schweiz, Italien und Frankreich. Hier lernte er nicht nur ein wenig von der Welt kennen, sondern kam erstmals in Kontakt mit sozialistischen Ideen und dem Kampf für die Rechte von Arbeitnehmern. Schon in seinen Zwanzigern schloss er sich der *Allgemeinen Deutschen Arbeiterverbrüderung* an und war Mitglied des deutschen Zigarrenmachervereins in Leipzig. Weil er an den Barrikadenkämpfen der Arbeiter in Dresden beteiligt war, wurde er 1849 für ein Jahr in Untersuchungshaft gesteckt. Das hielt Fritzsche aber nicht davon ab, sich auch in den kommenden Jahren immer wieder für die Belange der deutschen Arbeiterschaft einzusetzen. An der Entwicklung des *Allgemeinen Deutschen Arbeiter Congresses* war er ebenso beteiligt wie an der Gründung des *Allgemeinen Deutschen Arbeitervereins* im Mai 1863. Zwei Jahre später wurde mit dem *Allgemeinen Deutschen Cigarrenarbeiter-Verein* die erste zentral organisierte Gewerkschaft gegründet. An diesem Prozess hatte Friedrich Wilhelm Fritzsche großen Anteil. Aus diesem *Verein* ging 1949 die Gewerkschaft Nahrung-Genuss-Gaststätten hervor – bis heute die älteste deutsche Gewerkschaft!

Erstaunlich, was ein Mann wie Friedrich Wilhelm Fritzsche in seinem Leben erreicht hat. Ein Mann, der mit neun Jahren in eine Fabrik gesteckt wurde, um Zigarren zu drehen. Für mich sind Menschen wie er Inspiration und Antrieb zugleich. Er hatte keine Chance, aber er nutzte sie. Nicht nur für sich selbst, sondern für viele seiner Zeitgenossen, die wie er in einer unmenschlichen Arbeitswelt festzustecken schienen. Seine berühmte Rede vom 17. April 1880 im deutschen Reichstag richtete sich gegen die reaktionären Sozialistengesetze von 1878, die im Kern jede Form von Mitbestimmung und gewerkschaftlicher Aktivität kriminalisierten. Teile dieser Rede stellen die Lebenswelt von jungen Zigarrenmachern dar und beleuchten aus ihrer Perspektive, was die Sozialistengesetze für sie bedeuteten. Während Themen wie Mitbestimmung und Teilhabe aus heutiger Sicht zumindest für uns in Deutschland selbstverständlich sind, müssen sie für die betroffenen Menschen damals wie Fantasy aus einem rosaroten Paralleluniversum geklungen haben. Auf welche Weise Fritzsches Rede damals die Zigarettendreher erreicht hat?

»Die 50.000 Mitglieder zählenden Gewerkschaften, die zu dem Zwecke zusammengetreten waren, ihre Mitarbeiter zu unterstützen in Not und Elend, die sind aufgelöst worden, und die Hungerpest ist unter den armen Handwerksburschen ausgebrochen. Die Gefängnisse sind überfüllt worden von ›Landstreichern‹, weil man uns nicht gestattet hat, die arbeitslosen auf die Landstraße getriebenen Arbeiter zu unterstützen. Das sind die ›positiven Maßregeln‹, die ergriffen worden sind, seitdem das Sozialistengesetz eingeführt worden ist, das ist die loyale Handlungsweise der höchsten Behörden im deutschen Reiche!«

Kurz unterbrach sich der Vorleser seiner Lektüre, um einen Blick auf die vielen anderen Zigarrendreher zu werfen, die vor ihm den Raum füllten. Sie drehten Zigarre um Zigarre, mit einer unglaublichen Präzision und Schnelligkeit, kaum wahrnehmbar mit dem Auge, geboren aus einer stumpfen, jahrelangen Routine. Auf den ersten Blick schienen seine Kollegen in ihrer Arbeit versunken zu sein, gedankenverloren, tief in sich selbst zurückgezogen auf der Suche nach einem friedlichen Seelenort in lebensfeindlicher Umgebung. Tatsächlich lauschten sie hoch konzentriert seinen Worten, ihm, den sie an diesem Tag wieder einmal zum Vorleser erwählt hatten, um die aktuelle Rede zum Sozialistengesetz von Friedrich Wilhelm Fritzsche vom 17. April 1880 vorzulesen. Er räusperte sich und war froh, auf diese Weise der täglichen Monotonie seiner Arbeit zu entkommen, wenigstens für ein paar Minuten, die er benötigte, um die Nachrichtenlage an diesem Tag vorzutragen. Es war eine gute Entscheidung gewesen, lesen und schreiben zu lernen, auch wenn das ein langer und einsamer Weg gewesen war.

»Die Arbeiter, welche einer Gewerkschaft angehörten, konnten darauf rechnen, wenn sie außer Arbeit kamen und am Orte keine Arbeit mehr fanden, dass dann ihr Verein für sie eintrat und womöglich sie samt der Familie an denjenigen Ort schaffte, wo Arbeit vorhanden war. Das ist heute nicht mehr möglich. Wenn heut der Arbeiter aus der Arbeit geschickt wird, bekommt er kein Reisegeld, wenn er in die Fremde gehen muss. Erkrankte ein Gewerkschaftsmitglied auf der Reise, so bekam er seine Unterstützung, er konnte krank darniederliegen, wo es auch immer sein mochte. Das hat alles aufgehört. Das ist der Segen des Sozialistengesetzes.«

Einige der Zigarrenarbeiter erwachten aus ihrer Starre. Ihr Gemurmel, kaum hörbar, aber nicht zu ignorieren, bekam einen anklagenden, ja beinahe mürrischen Unterton. Der Vorleser nahm das zur Kenntnis, bemühte sich aber, seinen Vortrag nicht durch allzu emotionale Anteilnahme einzufärben. Sein Job war es, seinen Kollegen politische Schriften und Zeitungen näherzubringen, so als hätten sie keinerlei Auswirkungen auf ihr aller Leben. Dafür würden seine Kollegen aus Solidarität seinen Anteil an Zigarren mitdrehen. Irgendwem aus den hinteren Reihen entfuhr ein verärgerter Ausruf: Verdammte Pfeffersäcke im Reichstag! Möge der Boden sich auftun und sie alle ausnahmslos in den Hades schicken. Der Vorleser hielt nun doch einen Moment inne. Der Fritzsche hat recht. Diese vermaledeiten Sozialistengesetze ruinieren uns. Warum sind wir 1865 nach Leipzig marschiert und haben uns dem Allgemeinen Deutschen Cigarrenarbeiter-Verein angeschlossen? Nur um uns von diesem liberalen Gesocks fertigmachen zu lassen? Es reicht!

Für einen kurzen Moment hatte der Vorleser seine nüchterne Distanz aufgegeben. Zustimmendes Gemurmel begleitete seinen spontanen Ausruf, jemand rief: Wir sollten auswandern. Warum unsere Zeit für diese Pfeffersäcke verschwenden, wenn wir es in Amerika so viel besser haben könnten? Ehe sich noch mehr Stimmen erhoben, hob der Vorleser die Hand und bat um einen Moment der Stille:

»Genossen! Kameraden! Ich fühle mit euch, ich verstehe eure Gedanken, bin ich denn nicht einer von euch? Aber wir dürfen nicht kampflos aufgeben und den Genossen Fritzsche im Stich lassen. Hört, was er zu sagen hat – und bleibt.« Dann fuhr er fort:

»Tausende von Arbeitern wandern jetzt aus, und es sind leider die besten Arbeitskräfte, die auswandern. Wer treibt sie hinaus? Nichts als unsere fehlerhaften gesellschaftlichen Einrichtungen, und wenn wir nun kommen und Vorschläge machen und positiv Maßregeln ergreifen wollen, um den traurigen Verhältnissen der Arbeiter entgegenzuarbeiten, dann kommt der Herr Minister oder der Herr Polizeipräsident von Berlin – was ziemlich dasselbe ist, denn wenn man von dem einen auf den anderen rekurriert, so nützt es nichts – und verbietet derartige Bestrebungen. Die guten Kräfte, die da hinübergehen nach Amerika, die tragen alle durch ihre Auswanderung dazu bei, dass unser Volk immer mehr verarmt. Tausende und Abertausende sind aufgewendet worden, um diese tüchtigen Arbeitskräfte heranzubilden, und nun sie erwerbsfähig geworden und dem Vaterlande nützen könnten, treibt man sie aus demselben dadurch hinaus, dass man ihnen begreiflich macht, es sei kein Recht mehr im Lande vorhanden. Wo das Recht durchbrochen ist, dadurch, dass man einem großen Teil der Gesellschaft die wichtigsten Rechte genommen hat, in einem solchen Lande kann sich kein rechtschaffener Mensch mehr glücklich fühlen. Kein gewissenhafter Mensch kann im solchen Lande seine Kinder erziehen wollen, denn er muss einsehen, dass, wo das gleiche Recht verschwunden ist, an wahre Sittlichkeit und Wohlergehen in der Zukunft nicht zu denken ist.«

Die Praxis des Vorlesens hatte eine große Bedeutung in den Zigarrenfabriken. Während ihrer leisen Arbeit konnten die anwesenden Arbeiter den Texten aufmerksam lauschen und aus ihnen lernen. Die herrschende Solidarität, die sich auch darin äußerte, dass die Anwesenden den Arbeitsanteil des Vorlesenden selbstverständlich übernahmen, ist ein Grundpfeiler des gewerkschaftlichen Gedankens – und der »Vorleser« bis heute das Symbol der Gewerkschaft Nahrung-Genuss-Gaststätten.

15
Der 1. Mai

»What matters is not to know the world but to change it.«

Frantz Fanon, Psychiater und Autor

Es war ein kurzes Vergnügen, für das wir so lange gekämpft hatten: Schon in der zweiten Maiwoche 2018 wurde der *Deliveroo*-Betriebsrat zu Grabe getragen, um's mal so pathetisch auszudrücken. Und das, obwohl wir alles gegeben hatten. *Deliveroo* hatte seine Drohung wahr gemacht. Keiner der befristeten Verträge von uns neu gewählten Betriebsratsmitgliedern sollte verlängert werden. Mithilfe der NGG hatte ich auf die Entfristung meines eigenen Arbeitsvertrages bestanden, gegen die Nichtverlängerung vor dem Arbeitsgericht geklagt und sogar Recht bekommen. Die Juristen des Unternehmens waren nicht amüsiert. Allein das war schon eine große Genugtuung für uns alle.

Theoretisch hätte ich also bei *Deliveroo* bleiben können. Zwar wird es an dieser Stelle den einen oder die andere überraschen, aber: Ich entschied mich trotzdem, meinen Vertrag in beiderseitigem Einvernehmen aufzulösen. Es war eine Vernunftentscheidung und keine Kapitulation. Denn zu diesem Zeitpunkt war bereits klar, dass die Verträge meiner Kolleg:innen nicht verlängert werden würden. Zudem schieden einige Betriebsrätinnen und Betriebsräte trotz der nur wenige Wochen zurückliegenden Wahl selbstbestimmt aus dem Job als Rider aus. Ich wäre aufgrund meiner erkämpften Entfristung perspektivisch der einzige Mensch im Betriebsrat dieses riesengroßen Konzerns gewesen. Die Kollegin, die trotz der Nichtverlängerung bleiben wollte, konnte laut des neuen Beschäftigungskonzepts nur noch als Freelancer bei *Deliveroo* weiterarbeiten. Und gesetzlich hatten Selbstständige kein Recht auf eine Betriebsratszugehörigkeit. Eine, wie ich finde, gefährliche Lücke, denn gerade für diese Mitarbeiter:innen, die mit weniger Rechten ausgestattet sind, wäre die Repräsentation durch einen Betriebsrat enorm wichtig. Insgesamt also keine schöne Situation und keine besonders guten Zukunftsaussichten für uns.

Aber so paradox es auch klingt: Mein Rückzug war eine süße Niederlage im Anbetracht der gesamten Lage. Wir hatten mehr gewonnen als verloren und als Betriebsräte bei *Deliveroo* einen Pflock in ein bisher unbekanntes Terrain der Mitbestimmung geschlagen. Und das bei einem Konzern, der nichts mehr fürchtete als selbstbewusste Mitarbeitende, die man nicht länger manipulieren und ausbeuten konnte.

Meine Zeit als Betriebsratsvorsitzender bei *Deliveroo* war nur von kurzer Dauer, die Kämpfe allerdings noch lange nicht vorbei. Ich wollte mich auf die zweite Säule unserer Arbeit der letzten Monate konzentrieren. Die Kampagne *Liefern am Limit* hatte in der Branche Aufsehen erregt, deswegen reisten wir im kommenden

Jahr mit drei anderen Aktivisten der Kampagne in ganz Deutschland zu den Standorten der jeweiligen Lieferdienstunternehmen und mischten die Szene auf. Wir wollten die Rider umfassend über ihre Rechte aufklären und sie ermutigen, sich ebenfalls zu organisieren, so wie das bei uns in Köln geschehen war. Wir haben also nicht selbst einen Betriebsrat in diesen Städten gegründet, sondern die Kolleg:innen informiert und sie empowert, genau das selbst zu tun.

Es war keine leichte Aufgabe, auch wenn wir insgeheim gehofft hatten, dass es ein Spaziergang werden würde. Aber falsch gedacht. Jede Stadt hatte andere Voraussetzungen und unterschiedliche Strukturen. Natürlich gab es auch Städte, in denen es fast unmöglich war, Rider zu mobilisieren, weil sie schlicht und einfach keine Notwendigkeit dafür sahen. Damit mussten wir umgehen, auch wenn es uns schwerfiel. Den herrschenden Status quo aufzubrechen und für das große Ganze zu begeistern, das hinter der Idee der Mitbestimmung steht, war oft eine heikle Angelegenheit. Manchmal scheiterte es schon daran, dass uns die »fremden« Rider aus den anderen Standorten nicht vertrauten und dachten, wir würden uns nur wichtigmachen wollen. Oder schlimmer noch, Karriere machen auf dem Rücken der Belegschaft. Mit viel Überzeugungsarbeit und Geduld gelang es uns aber schließlich, dass die Menschen an den meisten Standorten einen Betriebsrat gründeten und damit ihren eigenen Arbeitskampf führten. Unsere Strategie ging auf. An immer mehr Orten entbrannten Auseinandersetzungen zwischen Ridern und der Firmenleitung für bessere Arbeitsbedingungen. Was auch hieß, dass der Mutterkonzern oft nicht wusste, welchen Brandherd er zuerst austreten sollte – und konnte ... Gut gelang ihm das zum Glück eh nicht.

Ein paar Tage *vor* der offiziellen Auflösung des *Deliveroo*-Betriebsrats durch mein Ausscheiden aus der Firma stand ein Termin für mich an, den ich im Nachhinein als einen der wichtigsten Tage in meiner Entwicklung und meinem Bewusstsein als politischer Aktivist bezeichnen würde: der 1. Mai 2018. Mein erster *Tag der Arbeit!*

Der Tag der Arbeit gehört zu einer jahrhundertealten Tradition. Genau genommen verweist er auf den 1. Mai 1886 in den USA. An diesem Tag riefen Arbeiter in Chicago zu einem Generalstreik auf, um einen Acht-Stunden-Arbeitstag zu erreichen. Dies führte tragischerweise zu gewaltsamen Konfrontationen mit der Polizei. Drei Jahre später erklärte *der Internationale Sozialistenkongress* in Paris den 1. Mai zum allgemeinen Kampftag der Arbeiterbewegung, um an diese Ereignisse zu erinnern und den Opfern solidarisch zu gedenken. Schon vor mehr als hundertfünfzig Jahren also war der Wunsch nach einer Arbeitszeitverkürzung eine zentrale Antriebsfeder der Arbeiter:innenbewegung. Dass heutzutage die Debatte um die Arbeitszeitverkürzung häufig verkürzt als »linkes Wunschdenken« diskreditiert wird, zeigt mir, dass bei solchen Argumentationslinien nicht linkes Wunschdenken, sondern eher eine ausgemachte Geschichtsvergessenheit das Problem ist. Im Grunde nämlich ist das Ringen um die Verkürzung der Arbeitszeit ein urkonservatives Thema.

Dass ausgerechnet am 1. Mai der erste Generalstreik durchgeführt werden sollte, hatte einen pragmatischen Grund. In den USA war der 1. Mai traditionell der Stichtag, an dem die Arbeitsverträge mit den Arbeiterinnen und Arbeitern geschlossen oder aufgehoben wurden. Die Geschichte der Arbeiter:innenbewegung wurde von Anfang an von gewaltsamen Konfrontationen begleitet. Doch auch brutale Übergriffe seitens der Ordnungsmächte konnten nicht verhindern, dass der 1. Mai zu einem Symbol für eine solidarische Arbeitergemeinschaft werden sollte, die bereit war, für ihre

Rechte und Wünsche einzutreten. Der 1. Mai symbolisiert so vieles. Für mich persönlich: Er gedenkt und würdigt die Kämpfe derjenigen, die vor uns unter brutalen und unvorstellbaren Arbeits- und Lebensbedingungen litten. Menschen, die dennoch nicht verzagten und sich wehrten, angetrieben von der Vision einer sozialen, freien und gerechten Welt. In dieser Welt sollte die Arbeit nicht mehr den größten Teil unserer Lebenszeit einnehmen. Der 1. Mai erinnert mich aber auch an die schlimmen Zeiten unter dem Naziregime. Denn der 1. Mai ist auch der Vorabend des 2. Mai, der Tag, an dem die aufrechten und kämpferischen Gewerkschaften zerschlagen wurden, weil sie sich der unmenschlichen Herrschaft der Nazis widersetzten. Also ist der Tag auch eine Mahnung an uns alle: Geschichte darf sich nicht wiederholen. Heute sind die Gewerkschaften erneut ein Bollwerk gegen rechtspopulistische, rechtsradikale, antisemitische, rassistische, ableistische und queerfeindliche Politik in unserem Land und stehen damit in einer stolzen Tradition.

An jedem 1. Mai, wenn die erste Frühlingssonne unsere Rücken wärmt, stelle ich mir vor, wie die Seelen all jener, die einst furchtlos für ihre Rechte eintraten, mit uns durch die Straßen der deutschen Großstädte marschieren. Während wir durch die Straßen ziehen, vereinen sich Vergangenheit und Gegenwart. Gemeinsam, gestärkt durch das Vermächtnis und die ungebrochene Entschlossenheit unserer Mütter und Väter, stellen wir uns den Herausforderungen der Zeit. Ihre Erfahrungen, ihre Visionen und ihr unermüdlicher Geist leben in uns fort, inspirieren und ermahnen uns, die Welt zu einem besseren Ort zu machen. Für mich ein seltsam schöner und zugleich beruhigender Gedanke.

Der 1. Mai im Jahr 2018 war mein Moment der Selbstermächtigung. Ein bittersüßer Termin. Zusammen mit unzähligen Ridern führten wir *Liefern-am-Limit*-Aktivisten die jährliche traditionelle Demonstration am 1. Mai an, begleitet von Tausenden Gewerkschafterinnen und Gewerkschaftern des DGB. Das war in all seiner Vielfalt ein schönes Gefühl, gemeinsam mit dieser großen Anzahl von Gleichgesinnten aus ganz unterschiedlichen Branchen für eine gute Sache auf die Straße zu gehen. Maximales Empowerment, so fühlte sich das an. Gleichzeitig war es zunächst sehr schwer für mich, diesen Tag unbeschwert zu genießen. Zu diesem Zeitpunkt wusste ich bereits, dass der Betriebsrat bei *Deliveroo* nur noch sieben Tage lang bestehen würde. Und mir war noch nicht klar, dass die *Liefern-am-Limit*-Kampagne in der Zukunft so gut und effektiv weiterlaufen würde. Es dauerte, bis sich die turbulente Atmosphäre bei der Kundgebung am 1. Mai, dieses bedingungslose Miteinander um mich herum, auch auf meine Laune übertrug.

Dass das überhaupt geschah, liegt an der Aura, der Bedeutung dieses jährlich wiederkehrenden Festtages. Wenn es einen Tag im Leben von Gewerkschafter:innen gibt, der beinahe religiös zelebriert wird, dann ist es dieser. Eingerahmt von einem Flaggenmeer der Gewerkschaften, gehen jedes Jahr Millionen von Menschen in Deutschland auf die Straße, um *ihren* Tag selbstbewusst und solidarisch gemeinsam zu feiern. 2018 nahm ich zum ersten Mal daran teil, ohne viel über seine Botschaft, seine historische Bedeutung und damit auch über seine außerordentliche Strahlkraft zu wissen. Das Motto des DGB lautete »Vielfalt, Gerechtigkeit, Solidarität«. Bis dahin hatte ich, um ganz ehrlich zu sein, den 1. Mai nie bewusst erlebt. Ein Feiertag, okay, aber ansonsten war dieser Tag in meiner Lebensrealität kein relevanter Faktor gewesen. Selbst als ich gewerkschaftlich aktiv wurde, war er mir nicht sofort ein Begriff gewesen oder hätte etwas Besonderes in mir ausgelöst. Sicher, viele Kollegen in der NGG hatten mich auf den 1. Mai vorbereitet, gaben mir zum Teil haarsträubende, häufig lustige und mitreißende Anekdoten von vergangenen Demonstrationen mit auf den Weg. Ich aber blieb erst einmal emotional unberührt. Wobei – ängstlich war ich schon; oder besser: unsicher. Denn es sollte der Tag meiner allerersten Rede vor einem großen Publikum werden. Diese Rede hielt ich genau heute, dem 1. Mai 2018, und fand zum ersten Mal auch öffentlich meine politische Stimme.

Bis es allerdings so weit war, wechselte meine Gemütslage minütlich. Einerseits wäre ich am liebsten vor der unfassbar großen Menschenmenge geflüchtet, der ich gegenübertreten sollte. Andererseits war ich stolz darauf, was wir bei *Deliveroo* und mit *Liefern am Limit* erreicht hatten. Ich wollte den Leuten da draußen unsere Entschlossenheit demonstrieren und von uns erzählen, und dafür musste ich vors Mikrofon treten, sosehr mir auch vor diesem Moment grauste. Meine rhetorischen Fähigkeiten waren zu diesem Zeitpunkt noch stark überschaubar, woher sollten sie auch kommen? Ich verfügte über keine elitäre Ausbildung, die mich auf eine Situation wie diese vorbereitet hätte. Dementsprechend war mein zur Schau getragenes Selbstbewusstsein an diesem Tag nur aufgesetzt, meine nahezu versteinerte Miene verriet mich. Ein kleines Teufelchen im Ohr säte mit fieser Stimme fleißig Zweifel und riet mir, schnell in der Menge zu verschwinden. Letztlich konnte ich mich aber dem kalten Griff des Imposter-Syndroms entziehen, vermutlich im intuitiven Wissen um einen Lehrsatz des englischen Schriftstellers Charles Dickens: »Es gibt keinen Frieden für die Furchtsamen und Uneinigen.«

Allerdings würde ich lügen, wenn ich behaupten würde, es sei einfach gewesen. Ich meine, du stehst da plötzlich allein auf einer Bühne auf einem riesigen Platz. Jedes einzelne Gesicht in der Menge schaut dich erwartungsvoll an und lauscht neugierig deinen ersten Sätzen. Niemand weiß, dass ich noch nie in meinem Leben in solch einer Situation gewesen bin. Für ein paar Sekunden erfuhr ich buchstäblich am eigenen Leib, wie aufkommende Panik sich anfühlt. Was mich in diesem Moment rettete, war das Wissen, dass ich den Leuten da vor der Bühne wirklich was zu sagen hatte, etwas, das mir am Herzen lag. Ich wollte die Menschen aufrütteln. Meine Angst verflüchtigte sich mit jedem Satz, der mir über die Lippen kam. Zuerst zwar nur in kleinen Dosen, aber spürbar. Nach einigen Sekunden am Mikro geschah etwas, womit ich nicht gerechnet hatte: Ich spürte, dass ich begann, mich in der Situation wohlzufühlen. Spürte, wie ich die Menschen erreichte, spürte die Kraft, die sich durch meine Worte entfaltete. Ich erkannte in den Augen der Menschen Zustimmung, ja sogar Leidenschaft. Das entfachte tief in meinem Inneren ein Feuer, das bis heute nicht erloschen ist. Von dem ich, auch während ich diese Zeilen schreibe, immer wieder zehre. Kein flüchtiger Funke, sondern eine beständige heiß lodernde Glut, die selbst in den dunkelsten Momenten nicht erlischt. Das war das erste Mal, an dem ich wirklich mit jeder Faser meines Körpers spürte, wie wichtig es war, sich politisch zu positionieren und gesehen zu werden. Gerade in gefährlichen Zeiten des Rechtsrucks.

16
Against all odds

»Demokratie heißt, sich in die eigenen Angelegenheiten einzumischen.«

Max Frisch

Genugtuung? Unglaube? Dankbarkeit? Entschlossenheit? Ich bin mir nicht sicher, welches Gefühl überwiegt. Vermutlich ist es von allem etwas. Wenn ich an die zurückliegenden sechs Jahre denke, von der Wahl des *Deliveroo*-Betriebsrats angefangen bis heute, wo ich in Kassel mit einem Stipendium der Hans-Böckler-Stiftung demnächst mein Masterstudium in Politikwissenschaft beende und nebenher kontinuierlich gewerkschaftliche Arbeit leiste, kommt mir mein Leben vor wie ein Traum. Ein schöner Traum, einer von denen, die als kleiner Junge, als Teenager und junger Erwachsener kurz aufleuchteten und für die man sich beinahe schämt, so unrealistisch erschienen sie damals. Doch in meinem

Fall haben sich diese Träume tatsächlich zu großen Teilen erfüllt: Aus einem Sonderschüler, der sich irgendwann mal wirklich getraut hat, sein Leben neu aufzurollen und an der Abendschule sein Abitur nachzuholen, ist tatsächlich ein Politikwissenschaftler geworden! Es hat mehr als ein ganzes Jahrzehnt gebraucht, bis aus dem banalen und doch so unbarmherzigen Satz »Du wirst es auf einer normalen Schule niemals schaffen« nur eine blasse Erinnerung wurde. Mein Leben seither hat diesen Satz Lügen gestraft und nur ich selbst weiß, wie viel Kraft, Entbehrungen und Mut das zuweilen erfordert hat. Ich schreibe das hier an dieser Stelle ohne jede unangenehme Selbstzufriedenheit oder Selbstbeweihräucherung: Ich habe mich an den eigenen Haaren aus der Gülle gezogen. Dass ich das überhaupt einmal so offensiv ausspreche wie hier, an dieser Stelle, hat nur mit meinem Wunsch zu tun, in gewisser Weise als Vorbild zu dienen. Nicht, weil ich mich so unendlich toll finden würde oder das Gefühl habe, ich sei auserwählt, das Heilsversprechen vom Berge runterzutragen. Nein, es ist nur so: Ich möchte mit meinem Lebenslauf den Blick auf Schicksale richten, die sich in ähnlicher oder sogar schlimmerer Lage befunden haben oder immer noch befinden.

Ja, es stimmt schon, ich bin der Beweis dafür, dass man nicht aufgeben und seine Träume verfolgen sollte. Andererseits bin ich aber auch der Beweis dafür, wie viel in unserer Gesellschaft schiefläuft. Dafür, dass es viel zu häufig fast unmenschliche Anstrengungen braucht, um die ungleichen Startbedingungen zu überwinden. Ich möchte an dieser Stelle auch an all diejenigen erinnern, die es nicht geschafft haben, ihr Leben auf den Kopf zu stellen und sich so zu verwirklichen, wie sie es verdient haben. Es war nicht ihre Schuld. Oft liegen die Gründe schlicht und ergreifend an verschiedenen strukturellen Formen der Benachteiligung, seien es sozioökonomische Faktoren, Bildungsungleichheiten oder gesellschaftlich verfestigte Vorurteile. Wie auch immer unsere Startchancen sein mögen, egal mit welcher Hautfarbe, mit welcher körperlichen Behinderung wir ausgestattet sind – meine Geschichte ist ein Versuch, alle Menschen zu ermutigen, ihren Weg zu gehen, wenn nötig den Kampf zu suchen, sich nicht zufriedenzugeben mit dem, was die Gesellschaft für sie vorgesehen hat. Der Kampf lohnt sich. Aber ich bin auch realistisch: Es gehört oft eine enorme Portion Glück dazu und die richtigen Menschen im richtigen Moment, die Unterstützung leisten. Doch wer nicht kämpft ... Ihr wisst sicher, wie der Satz weitergeht.

Ich mache mir allerdings auch keine Illusionen. Der Kampf, von dem ich spreche und den ich führe, der ist lang. Er wurde schon von Generationen vor mir geführt und wird auch nach mir geführt werden. Es sind oft nur Etappensiege, die man erringt, Meilensteine auf dem Weg zu einem selbstbestimmten und freien Leben.

So war es auch, als ich mich nach dem endlich errungenen Abitur an einer Universität bewarb. In meinem letzten Jahr an der Abendschule in Köln hatte ich endlich mein elternunabhängiges BAföG erhalten und konnte meine Arbeitszeit bei *Deliveroo* endlich reduzieren. Es war auch das BAföG, das mir half durchzuhalten und das mir die Möglichkeit gab, mich trotz der gewonnenen Gerichtsverhandlung *gegen* meinen Job beim Lieferdienstunternehmen zu entscheiden. Weniger Arbeitsstunden hieß außerdem mehr Zeit für mein Engagement bei der Gewerkschaft und für meine sozialen Kontakte. Ausschlafen, *self-care,* Freundschaften pflegen: All diese Dinge waren ein Luxus, den ich mir zwischen Arbeit, Abitur und Arbeitskampf nur viel zu selten hatte erlauben können.

Prekäre Arbeitsbedingungen und die Kämpfe um Gerechtigkeit und ums Überleben, die mit ihnen einhergehen, sind meiner Meinung nach viel zu selten Thema. Dabei geht es nicht mal darum, dass Teilhabe in der Gesellschaft häufig auch eine Frage des Geldes ist, sondern darum, ob man nach einem langen Arbeitstag überhaupt die Kraft und Energie hat, soziale Kontakte zu pflegen und aufrechtzuerhalten. Arbeit im Niedriglohnsektor ist vor allem eine Arbeit, die vereinsamt und isoliert. Umso glücklicher war ich, dass ich mit meiner neu errungenen Freiheit mehr Zeit hatte, für liebe Menschen und mein zunehmendes Engagement. Ich bin der Meinung, dass mein Fallbeispiel eindrücklich aufzeigt, wie enorm wichtig finanzielle Unterstützung sowohl für den Bildungsaufstieg als auch für Teilhabe und Lebensqualität im Allgemeinen sind.

Als Student der Politikwissenschaft schrieb ich mich voller Optimismus (und auch einer Prise Naivität) an der Marburger Universität ein. Parallel unterstützte ich weiterhin die Arbeitskämpfe bei den Lieferdiensten und unsere Kampagne *Liefern am Limit* im gesamten Bundesgebiet nach Kräften. Es dauerte einige Zeit, bis ich mich in Marburg eingelebt hatte. So unterschiedlich erschien mir die kleine, aber berühmte Universitätsstadt in Hessen im Vergleich zu Köln. Noch nie vorher war ich – mit der Ausnahme von Berlin vielleicht – an einem Ort, der so geprägt war von einer überaus linken und feministischen Szene. Sie bestand aus einer für mich zunächst unüberschaubaren Anzahl verschiedenster Organisationen, Kommunen, Bewegungen und Gemeinschaften. Gemeinsam war all diesen Gruppierungen vor allem eines: Sie waren auf eine fast erdrückende Weise »akademisch«. Man spürte schnell, dass in der sogenannten Oberstadt – gekennzeichnet durch das ikonische Landgrafenschloss hoch über der Stadt – das studentische Leben und dessen Ton dominierten.

In meinem Überschwang und Eifer, mich auch auf neuem Terrain gleich zu beweisen und einzugliedern, suchte ich offensiv Anschluss. Ich wollte zu all diesen schlauen und krassen Menschen gehören, wollte sie mit meinen Fähigkeiten beeindrucken. Und vor allem wollte ich verhindern, dass man mich aufgrund meiner Hörschädigung und meiner Hautfarbe für einen Vollhorst hielt. Gar nicht so einfach. Denn gerade in einer sehr akademisch geprägten Welt werden Unterschiede sehr deutlich und mit schmerzhafter Klarheit offensichtlich. Banales Beispiel? Gern: Statt Rum-Cola oder Wodka-O aus der Flasche wird häufiger Wein oder Sekt getrunken. Weniger banal: Statt mit dem ungefilterten Herz auf der Zunge wird mit gezähmter Silberzunge gesprochen. Schnell fand ich ein paar politische Gruppierungen, die ich anfangs für spannend hielt, die mich aber mit der Zeit desillusionierten. Nicht nur, dass sie sehr *weiß* geprägt waren. Sie schienen vor allem ausschließlich aus selbst ernannten Intellektuellen zu bestehen, die größtenteils nur an einer theoretischen Aufarbeitung der Klassenkämpfe interessiert waren. Die konkrete Umsetzung erlebte ich mit ihnen nicht. Die Geschichten von den Fronten meines persönlich erlebten Arbeitskampfes, meiner Solidarisierung mit den Menschen, denen mit selbstverliebter Rhetorik nicht zu helfen war, wurden überhört, abgetan, ignoriert oder – für mich fast das Schlimmste – theoretisiert.

Wenn ich in Diskussionen überfordert, aber auch trotzig anmerkte, dass selbst in der Arbeiter:innenklasse nicht alle gleich seien, sondern Menschen auch dort je nach Geschlecht, Hautfarbe oder Behinderungsgrad besser oder schlechter behandelt wurden, wurde ich mit wortgewaltigen und nahezu unverständlichen Satzkaskaden und allerlei historischen Analysen zum Schweigen gebracht. Endlose Monologe und Predigten darüber, wie der Klassenkampf – theoretisch – zu gewinnen sei, machten mich schließlich immer wieder mundtot. War das jetzt das freie studentische Leben, das ich mir vorgestellt hatte? Irgendwie nicht. Im Gegenteil: Fast fühlte ich mich erinnert an meine Zeit an der Förderschule, wo man mir bei jeder passenden und unpassenden Gelegenheit bedeutet hatte, dass ich höheren Ansprüchen nicht genüge. Auch in den intellektuellen Marburger Kreisen wurde mir subtil vermittelt, dass ich noch viel zu lernen hätte, mich einlesen müsse in die Theorie des Klassenkampfes. Erst durch die Aneignung einer ganz bestimmten Semantik sei ich in der Lage, an ihren Diskussionen und am Klassenkampf, wie sie ihn verstanden, zu partizipieren.

Meine Versuche, in diesen Kreisen intellektuell mitzuhalten, wurden amüsiert belächelt. Kommt bekannt vor, oder? Da waren sie wieder, diese Menschen, die es gut mit einem meinen und vermeintlich auch genau wissen, wo meine Grenzen liegen. Es waren die typischen Dudes, die Karl Marx durchgespielt hatten und nun dachten, alles und allen erklären zu können, wie die Welt funktionierte. Sie fühlten sich im Besitz aller Wahrheiten, spürten aber nicht im Ansatz, dass nur ein Bruchteil der Bevölkerung ein Interesse an ihren Analysen hatte. Sie verstanden ihre eigene Arbeiter:innenklasse nicht mehr, was kein Wunder war, denn die meisten von ihnen sprachen zwar über sie, kamen aber kaum noch mit ihr in Berührung.

Ich möchte aber nicht verallgemeinern: Natürlich waren nicht alle Menschen, die ich in Marburg traf, herablassend, klassistisch oder paternalistisch. Ich traf auch Menschen, die aufrichtig und ehrlich für die Sache eintraten, an die sie glaubten, und die sich mit mir nächtelang leidenschaftlich stritten. Inzwischen bin ich regelrecht froh, viele dieser unterschiedlichen Menschen getroffen zu haben, wohlwollende genauso wie auch toxische Persönlichkeiten. Und besonders dankbar, dass aus vielen Begegnungen tiefe, einander zugewandte Freundschaften entstanden sind. Freundschaften, die Marburg in den Jahren, die ich dort verbrachte, zu meiner Heimat machten.

Die weniger angenehmen Menschen entfachten in mir trotz – oder gerade wegen – ihrer subtilen Erniedrigungen den unbedingten Willen, Worte dafür zu finden, was für mich persönlich Klassenkampf bedeutete. Und wie ich meinen Eindruck, dass in der Arbeiter:innenklasse längst nicht alle gleich seien, in verständliche Worte kleiden könnte. Eine schwierige Mission. Wo gab es

Vorbilder für mich und meinen Werdegang, wo würde ich Menschen finden, die das, was ich fühlte und erlebt hatte, druckreif zu Papier brachten? In meiner Ratlosigkeit gab ich bei Google »Berühmte Schwarze Literatur« ein und bestellte nach kurzem Check der angebotenen Resultate das erstbeste Buch. Irgendwo musste ich ja anfangen.

War es Glück, Schicksal, banaler Zufall? Mein allererstes Buch über Schwarze Geschichte war ein Buch von James Baldwin, der mich mit seiner glasklaren und eleganten Sprache vom ersten Satz an packte und beeindruckte. In meinem politischen Denken und Handeln prägt und leitet mich James Baldwin bis heute. Ich weiß noch, dass ich immer dachte, ich müsste unbedingt schwer verdauliche akademische Literatur lesen, vollgepackt mit abstrakter Theorie. Schließlich war ich ja jetzt Student und hatte die Angst, mich »unter Niveau« zu unterhalten. Nahezu geschockt war ich dann aber, als ich Baldwins Buch »Nach der Flut kommt das Feuer« las und wie gebannt Satz um Satz seiner Anklage gegen die Ungerechtigkeit der Welt und sein Plädoyer für den Erhalt der eigenen Würde inhalierte. Wie hypnotisiert verschlang ich das Buch. Einmal, zweimal, dreimal.

Eine Passage kann ich mittlerweile fast aus dem Kopf wiedergeben, weil sie sich so tief in mein Bewusstsein eingebrannt hat. Die Passage ist Teil eines Briefes, den James Baldwin anlässlich des hundertsten Jahrestages der Sklavenbefreiung in den USA an seinen gleichnamigen Neffen schrieb. Auch wenn er darin über die Umstände in den Vereinigten Staaten von Amerika schreibt, hatte ich das Gefühl, dass er zu mir sprach und gleichzeitig auch die aktuelle Situation von vielen Menschen, die von Rassismus betroffen sind, adressierte.

Er wisse, schreibt Baldwin in seinem Brief, dass viele seiner Landsleute »hunderttausendfach Leben zerstört haben und immer noch zerstören, und nichts davon wissen und nichts davon wissen wollen. Zerstörung und Tod kann man, ja sollte man möglichst zäh und abgeklärt begegnen, denn seit Menschengedenken beherrscht der größte Teil der Menschheit diese beide Dinge am besten.«

Allein diese Worte waren für mich wie ein Sprung in eiskaltes Wasser. Noch nie hatte ich eine derartig klare und kraftvolle Kritik an der Dominanzgesellschaft gelesen. Auch wenn die Themen in Marburg andere waren als die von Baldwin, verstand ich, was er mit »Abgeklärtheit« meinte. Immer wieder stieß ich gegen »theoretische« Wände in Gesprächen, und die oft herablassenden Relativierungen meiner konkreten Erfahrungen, sowohl, was Rassismus, als auch, was den Arbeitskampf anging, brachten mich zum Schweigen. Die fast schon trotzige Weigerung gewisser Gruppen, Rassismus als Problem im Klassenkampf anzuerkennen, schien mir symptomatisch zu sein für den viel zu engen Blickwinkel, den meine lieben Dogmatiker in Marburg an den Tag legten. Man gab in Gesprächen, die ich führte, zwar zu, dass Rassismus existierte, aber dieser würde nur Minderheiten betreffen. Und die seien beim Fokus auf den Klassenkampf dann halt eher zu vernachlässigen. Diese Haltung basierte auf der Annahme, dass der Klassenkampf ja im Grunde alle Menschen gleichermaßen beträfe und alles andere eher Nebenschauplätze wären, die sich von selbst erledigen würden, wenn man erst mal an der Hauptfront gesiegt hätte. Das war in meinen Augen, wenn auch im übertragenen Sinne, genau der Punkt, den James Baldwin mit seiner Formulierung »hunderttausendfach Leben zerstört« gemeint hatte. Denn immer und immer wieder wurden die Interessen und Nöte von People of Color nicht ernst genommen.

In seinem Brief geht Baldwin auch genauer auf die »Urheber der Verheerungen« ein. Diese würden Schuld von sich weisen und sähen sich selbst als »unschuldige und wohlmeinende Menschen«. Genau in dieser »Unschuld liegt das Verbrechen«, schreibt er weiter. Die Unschuld sei der Grund, dass sich die Lebensrealitäten Schwarzer Menschen »nicht allzu sehr von jenen unterscheiden, die Charles Dickens vor über hundert Jahren in Bezug auf London geschildert hatte«.

Ich fand es beinahe gruselig zu lesen, wie sehr James Baldwins Worte mit meiner Marburger Situation korrespondierten. Ich selbst hatte es ja auch zugelassen, dass meine Gesprächspartner »in der Unschuld« verharrten, indem sie mich mit abstrakt vernebelten Monologen erschlugen, ohne dass ich ernsthaften Widerstand leistete. Darin lag mein Verbrechen, dachte ich nicht ohne Wut: Ich hätte darauf bestehen, dafür kämpfen sollen, dass meine praktischen Erfahrungen eine Daseinsberechtigung hatten. Auch der Hinweis auf Charles Dickens ließ mich aufhorchen. Rassismus kann man – auch historisch – nicht isoliert vom Kapitalismus betrachten, beide müssen, neben anderen Formen der Diskriminierung, zusammengedacht werden. Möglicherweise wurde mir das bei dieser Gelegenheit zum ersten Mal richtig klar.

Oft habe ich damals meist vergeblich versucht zu erklären, wie pervers es doch ist, dass wir über den Klassenkampf als abstraktes Ganzes reden, aber irgendwie nie konkret über die Reinigungskräfte bei Starbucks oder über die Belegschaften in der Fast-Food-Branche, die übrigens fast ausnahmslos migrantisch geprägt sind. Wie leer sich für mich theoretische Kampfbegriffe anfühlen, wenn wir nicht auch detailliert darauf hinweisen, wie Rassismus im Kapitalismus funktioniert.

»Ich kenne die Verhältnisse, in die Du hineingeboren bist«, schreibt Baldwin und adressiert wieder seinen Neffen. »Deine Landsleute« – er meint damit die *weißen* Mitmenschen des Jungen – »wissen eigentlich gar nicht, dass es Dich gibt.« So würden Schwarze Menschen über Generationen hinweg unsichtbar gemacht, obwohl beispielsweise bereits die »Großmutter ihr ganzes Leben für sie [die Landsleute] gearbeitet« habe.

In nur wenigen Worten hat Baldwin es geschafft, all das zum Ausdruck zu bringen, was ich damals bereits fühlte, aber noch nicht präzise formulieren konnte. Und seine Worte werden im Laufe des Textes noch deutlicher:

»Du wurdest geboren, wo Du geboren wurdest, mit Zukunftsaussichten, die Deine Aussichten waren, weil Du schwarz bist – *aus keinem anderen Grund.* Deinem Streben sollten für alle Zeiten Grenzen gesetzt sein. [...] Du hast nicht hoch hinaus zu wollen: Du hast Dich mit Mittelmaß zufriedenzugeben.«

Es ist schockierend, sich in einem Verdacht bestätigt zu sehen, der einen schon so lange umtreibt. Mein ganzes Leben lang war mir mehr oder weniger klar, dass mein Schwarzsein mir Grenzen auferlegen würde. Es war eher ein Gefühl, mit Sicherheit konnte ich es nicht benennen. Bildete ich mir das vielleicht nur ein? Zumal mein vermeintliches Stigma – in welchem Lebensabschnitt auch immer – in den unterschiedlichsten Varianten relativiert wurde. Manchmal wurde mir sogar vorgeworfen, mein Schwarzsein zu instrumentalisieren, indem ich in bestimmten Situationen darauf verwies, aufgrund meiner Hautfarbe diskriminiert zu werden. »Künstlich heraufbeschwören« würde ich ein Problem, das gar keines mehr sei in dieser kosmopolitischen und aufgeklärten Welt, lautete oft die Reaktion darauf. Perfide, zynisch.

Erst James Baldwin vermittelte mir durch seine Zeilen eine ganz neue Art der Selbstwahrnehmung. Ich war nicht länger bereit, mich mit dem zufriedenzugeben, was man für mich vorgesehen hatte. Ich ließ mich nicht länger begrenzen, weil irgendwer da draußen glaubte, dass sich das für jemanden wie mich so gehörte. Es ist mein Recht zu studieren und meine Existenz in diesen Räumen ist gerechtfertigt. Meine Erfahrungen, meine Perspektiven zählen. Ich bin mehr als nur Schwarz und behindert, ich bin ein Mensch. Meinen Gedanken, Hoffnungen und Träumen, die ich mir lange Jahre nicht zugestand, erlaube ich nun endlich, Raum einzunehmen.

»Bitte vergiss nie, dass das, was sie glauben, dass das, was sie tun und Dir zumuten, nicht von Deiner Minderwertigkeit zeugt«, formuliert Baldwin. »Bitte, lieber James, verliere in dem Sturm, der in Deinem jugendlichen Kopf wütet, nie die Wirklichkeit aus den Augen, die hinter den Wörtern *Akzeptanz* und *Integration* steht.« Und einige Zeilen später heißt es: »Du hast keine Veranlassung, so zu werden wie die Weißen, und es gibt nicht die geringste Grundlage für die unverfrorene Annahme, *sie* müssten *Dich* akzeptieren.«

Ich finde nur schwer die richtigen Worte für mein Gefühl, als ich genau diese Passage las. Es war wie ein schockartiges Erwachen: die Erkenntnis, dass ich mich mein ganzes Leben lang an eine Gesellschaft angepasst hatte, die überhaupt nicht für Schwarze Lebensrealitäten gedacht war und sich kein Stück für mich und meine Bedürfnisse interessierte. Ich verstand auf einmal, wie sehr ich mein *Code Switching* – die Anpassung von meiner Schwarzen an eine *weiße* Realität – internalisiert und perfektioniert hatte. Wie extrem ich in meiner Art, mich zu kleiden, zu sprechen und zu diskutieren, darauf gepolt war, um jeden Preis akzeptiert zu werden. Ich entsprach den gängigen Stereotypen eines Schwarzen Mannes, ohne zu wissen, wer ich eigentlich wirklich war. Was habe ich mit dieser Maskerade erreicht? Nicht viel. Banale Akzeptanz ist nichts wert, wenn sie auf Selbstverleugnung basiert und die Selbstachtung auf den Nullpunkt sinkt.

Ich räume James Baldwin bewusst so viel Raum in diesem Buch ein, weil er mein politisches Denken nachhaltig prägte und weil er der Auslöser dafür war, dass ich nach weiteren Quellen Schwarzer Literatur suchte. Ich sollte schnell fündig werden. Eines der größten Standardwerke in der deutschsprachigen Schwarzen Literatur ist neben »Farbe bekennen« von den Herausgeberinnen Katharina Oguntoye, May Opitz (später bekannt unter dem Namen May Ayim) und Dagmar Schultz das Buch »Schwarzer Feminismus« von Dr. Natasha A. Kelly. Darin stolperte ich über das

Kapitel *The Combahee River Collective* – und für mich taten sich völlig unbekannte Welten und neue Horizonte auf. Es ging darin um ein Kollektiv Schwarzer queerer Frauen, die den Kapitalismus ausschließlich intersektional bekämpfen. Erstaunlich dabei, dass dieser Kampf nicht an theoretischen Leitplanken entlanggeführt wird, sondern an den Realitäten der arbeitenden Klasse angedockt ist. Auf einmal war mir so, als wäre ich lange Zeit mit Holzstöcken gegen Raketen in den Kampf gezogen und hätte nun endlich Superkräfte. Dieses queere Kollektiv lieferte mir genau die Denkanstöße, die ich brauchte, um zu verstehen, wie und in welchem Umfang ich meine gewerkschaftliche Arbeit zukünftig intersektional gestalten könnte und wollte.

Wenn wir irgendwann eine sozial gerechtere Gesellschaft herbeiführen wollen, müssen wir das in kleinen Schritten und an zahlreichen Fronten angehen. Wir können nicht erwarten, dass sich Menschen automatisch einem Arbeitskampf anschließen, weil »Klassenkampf« auf den Bannern steht und sie sich alle darunter versammeln sollen. Wenn wir uns nicht die Mühe machen, uns mit den Lebensrealitäten aller Menschen in ihren vielfältigen Ausprägungen, Vorlieben und Ansichten auseinanderzusetzen, wird das nichts mit der großen, solidarischen Übereinkunft. Niemand wird sich einem Kampf anschließen, wenn er oder sie nicht das Gefühl hat, gesehen zu werden, oder wenn die eigenen Probleme immer weiter relativiert werden.

In meiner Gewerkschaftsarbeit gab es einen Fall, an den ich besonders gern zurückdenke und der mich darin bestärkt hat, meine gewerkschaftliche Arbeit intersektional zu denken. Es ging um einen Rider aus Libyen, einen Geflüchteten. Ständig versicherte er mir, er wolle Mitglied bei der NGG werden, das sei eine gute Sache und so weiter. Aus irgendeinem mir unerfindlichen Grund klappte es auf den letzten Metern aber leider nie mit seiner Mitgliedschaft.

Irgendwann reichte es mir mit seinen halb garen Versprechungen und ich konfrontierte ihn. Es stellte sich heraus, dass sein älterer Bruder ihn davon abhielt, Mitglied in der Gewerkschaft zu werden. Warum genau, das konnte er mir nicht sagen. Das wurmte mich, ich wollte unbedingt wissen, warum dieser Bruder so dachte, also fragte ich, ob ich den Bruder kennenlernen dürfte. Das war kein Problem, schon einige Tage später traf ich ihn und es entwickelte sich eine vorsichtige Freundschaft zwischen uns. Ich redete und diskutierte intensiv mit ihm über seine Sicht der Dinge und vermittelte ihm Stück für Stück die Idee, die hinter der gewerkschaftlichen Arbeit steht. Mit der Zeit konnte ich sein Vertrauen gewinnen und ihn dadurch auch ein wenig überzeugen – oder immerhin lehnte er Gewerkschaften nicht länger ab. Das war der Moment, in dem die Bahn für den mir bekannten Rider aus Libyen frei wurde. Und das Tolle: Nicht nur er trat der Gewerkschaft bei, sondern nach einer gewissen Zeit auch sein Bruder, der wiederum noch ein paar Menschen mehr mitbrachte.

Was ich mit der Geschichte aufzeigen möchte, ist, dass ich im Prinzip genau das gemacht habe, was allzu häufig als Identitätspolitik abgeschrieben wird. In meinen Augen läuft es darauf jedoch hinaus: eine Plattform zu schaffen, mit der man sich identifizieren kann, wo man sich mit bestimmten Werten und damit zusammenhängenden Zielen und Visionen gemeinmachen möchte. Das geht aber nur, wenn man auf die unterschiedlichen Sorgen und Ängste der Menschen eingeht. Man muss ihre Kämpfe Seite an Seite mit ihnen ausfechten. Erst dann, das ist meine tiefe Überzeugung, kann man sie auch dazu bringen, sich für einen Arbeitskampf einzusetzen.

Natürlich ist das mühsam. Es raubt Kraft. Aber nur weil es schwer ist, darf es nicht vernachlässigt werden, denn am Ende des Tages ist es der einzige Weg zum Erfolg. Und ich bleibe dabei: Grau ist alle Theorie. Und in diesem Kontext auch schwer selbstverliebt.

Dabei verfalle ich auch selbst häufig in alte Muster und verliere die Intersektionalität aus dem Blick, das will ich gar nicht leugnen. Dankenswerterweise werde ich aber aufgrund meiner Schnittstellen zur teils ehrenamtlichen gewerkschaftlichen Arbeit immer wieder auf den Boden der Tatsachen zurückgeholt. Mittlerweile bin ich an einem Punkt, an dem ich meine gewerkschaftspolitische Arbeit, so gut das möglich ist, intersektional denke. Letztlich bleibt nur die Pflicht, die eigenen verinnerlichten ineinandergreifenden Sozialisationen ernsthaft zu reflektieren, die sich aus der Kombination Patriarchat, Kapitalismus, Sexismus, Ableismus und Rassismus ergeben haben.

Für mich ist an diesem Punkt meines Lebens jedenfalls eines klar: Ich muss, wenn ich als politischer Akteur in dieser Gesellschaft einen Unterschied machen will, immer weiter lernen, kritisch bleiben, in Debatten einsteigen und immer wieder Fragen stellen. Dass ich mir das zutraue und mich darauf freue, ist das Resultat einer Entwicklung, die an einem sonnigen Wintertag in Köln mit einer katastrophalen Essenslieferung begonnen hat. Seitdem habe ich einen Betriebsrat (mit)gegründet, war Betriebsratsvorsitzender eines als Start-up getarnten Konzerns, hab mein Abitur an der Abendschule in Köln gemacht, meinen Bachelor in Politikwissenschaften in Marburg absolviert, die Kampagne *Liefern am Limit* mitgestaltet und ein Masterstudium in Kassel begonnen – mit einem Stipendium der Hans-Böckler-Stiftung.

Das Wichtigste aber, was ich in all diesen Jahren gelernt und vor allem auch verinnerlicht habe: Wenn heute jemand zu mir sagt, »Orry, das kannst du nicht!«, dann zucke ich nicht mehr zusammen und fühle mich gedemütigt. Nein. Ich korrigiere die in der Regel unverschämte Unterstellung freundlich, aber bestimmt: *Let's see!*

Epilog

»If there is no struggle, there is no progress.«

Frederick Douglass

Mittlerweile sind zehn Jahre vergangen, seitdem ich zum ersten Mal für den Lieferdienst *Foodora* auf den Fahrradsattel gestiegen bin. Zehn ereignisvolle Jahre liegen hinter uns: Corona, der Angriffskrieg Russlands gegen die Ukraine, desaströse Wahlergebnisse, ein immer stärkerer Rechtsruck – *and there's more to come.* Die Arbeitskämpfe bei den Lieferdiensten sind immer noch erbittert, auch wenn sich einige der Player aus dem deutschen Markt verabschiedet haben. Dafür sind neue Firmen wie *Uber Eats* in die Arena einmarschiert, die den Marktbeherrscher *Lieferando* herausfordern wollen.

Lieferando dominiert zwar den Essensliefermarkt in Deutschland aktuell, aber eine unangefochtene Schreckensherrschaft ist das nicht mehr. Für die Arbeitnehmer:innen ist dort so einiges spürbar besser geworden. Noch vor zehn Jahren ging es auf diesem Markt wie im Wilden Westen zu, es herrschte das Gesetz des Stärkeren. Inzwischen gibt es immer mehr und erfolgreicheren Widerstand der Beschäftigten und mehr gesetzliche Regeln.

Den Startpunkt für diese Verbesserungen haben einst ein paar Rider in Köln angestoßen. Wir waren die Ersten, die einen Betriebsrat gründeten, wir schufen mit unserer Kampagne eine eigene Plattform und damit eine innovative Form des Arbeitskampfes. Wir haben auf diese Weise sicher auch eine Generation von Ridern nach uns motiviert, für ihre Rechte einzutreten. Durch diese Arbeit haben sich die Umstände und der Ton in der Lieferbranche stark verändert – vor allem dank des mutigen und ausdauernden Einsatzes unzähliger Rider, Betriebsrät:innen und Helfer:innen in der NGG. Hier ist eine stolze, leidenschaftliche und vor allem gewerkschaftliche Community entstanden.

Mittlerweile verfügen enorm viele verschiedene *Lieferando*-Standorte in Deutschland über einen Betriebsrat. Es gibt einen heftig guten Gesamtbetriebsrat, der mit der Hilfe junger Rider an der Seite einiger Veteranen einen neuen, wichtigen Kampf eröffnet hat: Diesmal geht es um einen allgemeinen Tarifvertrag in der Branche. Hätte man mir vor zehn Jahren erzählt, dass mal eine deutschlandweite Riderbewegung für einen allgemeinen Tarifvertrag in den Ring steigen würde, dann hätte ich über diese Info heftig gelacht. Und doch ist es so gekommen. Weil ein paar verärgerte Rider in Köln die unwürdigen Umstände ihrer Jobs nicht mehr länger tolerieren konnten. Wir, so unterschiedlich wir auch waren, haben uns damals gemeinsam der NGG angeschlossen und *Liefern am Limit* gegründet.

Seitdem bewegt sich was in Deutschland, und das sind nicht mehr länger nur die zahlreichen Rider, die mit bestelltem Essen durch die Innenstädte wuseln, sondern auch die Unternehmen – zumindest dann, wenn sie zu ihrem Glück gezwungen werden.

Aber wir dürfen uns nichts vormachen. Jeder mühsam errungene Fortschritt kann jederzeit zerschlagen werden. Daher ist es umso wichtiger und inspirierender, dass die Rider trotz aller Widerstände weiterkämpfen. Wir befinden uns in einer Zeit großer Umbrüche. Klimawandel, Fachkräftemangel, Digitalisierung, Kriege und Terror. Dazu kommt dieser besorgniserregende Rechtsruck direkt vor unserer Tür. Unsere Gesellschaft driftet immer mehr auseinander. Diskurse werden immer greller, wütender und auch ein Stück weit unsolidarischer geführt, wie man aktuell, im Sommer 2024, an der Bürgergelddebatte sehen kann. Die verwundbarsten, weil ökonomisch schwächsten Bevölkerungsgruppen werden gegeneinander ausgespielt. An manchen Tagen, wenn die Nachrichtenlage wieder einmal deprimierend klingt, verfestigt sich in mir die Befürchtung, dass wir in hohem Tempo auf einen Abgrund zurasen. Statt einer mutigen und solidarischen Politik, die auf Investitionen in unser Bildungssystem und demokratiestabilisierende Vereine, Institutionen oder Organisationen setzt, schaut man zu, wie Rechtspopulismus, Ignoranz und menschliche Kälte immer mehr unseren Alltag bestimmen.

Ich glaube, wir stehen vor einer historischen Weichenstellung, die unsere Zukunft prägen wird. Werden wir trotz der aktuellen Herausforderungen in der Lage sein, unsere Demokratie, unsere Menschlichkeit zu bewahren? Oder schlittern wir wieder in eine ähnlich dunkle Epoche hinein, die wir längst überwunden glaubten und für die sich der geschichtsbewusste Teil des deutschen Volkes noch heute schämt? Ich befürchte fast, ja.

Aber vielleicht können wir die Krisen der Gegenwart überwinden, solange es Menschen gibt, die sich engagieren – hauptberuflich oder ehrenamtlich. Die in die Politik gehen, die in den

Kommunen, in den Bewegungen, in den Betrieben und in den Gewerkschaften gemeinsam für eine bessere Welt kämpfen. Wenn sie für ihre Ideale und ihre Werte eintreten und fest auf dem Boden der Demokratie stehen. So verschieden wir auch sein mögen, so eint uns doch das Bemühen und das aktive Engagement für eine bessere Welt.

Es ist ein etwas kitschiges Bild, aber manchmal muss ich an die griechische Mythologie denken: Einmal in uns entfacht, brennt das ewige Feuer des Prometheus. Er stahl das göttliche Feuer, um es den Menschen zu schenken und ihnen Wissen, Fortschritt und Macht zu schenken. Vielleicht trägt jede und jeder von uns, der sich für eine bessere Welt einsetzt, die Flamme der Gerechtigkeit und des Wandels in sich. Eine Flamme, die hoffentlich niemals erlischt.

Prometheus wurde für seine Tat bestraft – auch viele Gewerkschafter:innen und politisch aktive Menschen erleben das häufig. Sie müssen Widerstände erdulden, müssen sich Angriffen erwehren und Rückschläge ertragen. Anders aber als Prometheus in der griechischen Mythologie sind wir in der Lage, uns von unseren Fesseln zu befreien. Es ist das Feuer in uns, das nach Wandel strebt. Es empowert uns in unserer Sehnsucht nach einer besseren und gerechteren Welt.

Dieses Feuer, das all die mutigen, leidenschaftlichen Aktivist:innen – Gewerkschafter:innen, ehrenamtliche wie hauptamtliche – in sich tragen, wird von Generation zu Generation weitergegeben. In manchen Zeiten mag die Glut nur schwach glimmen, aber ich bin mir sicher, dass sie nie ganz erlöschen wird. In besonders dunklen Zeiten wird sie besonders leidenschaftlich lodern und unseren moralischen Kompass anleiten. Der Aktivismus all dieser Menschen ist ein Geschenk an unsere Gesellschaft, an unsere Demokratie, wir dürfen dieses Geschenk nicht ablehnen. Es wird immer eine Quelle der Hoffnung und des sozialen Wandels, ein Bollwerk gegen die Biester der sozialen Kälte sein.

Aus diesem Grund werde ich nie aufhören, für und mit den Gewerkschaften für unsere Gesellschaft und unsere Demokratie zu kämpfen.

Ich bin der festen Überzeugung, dass wir mit Gewerkschaften unsere Demokratie und unsere Gesellschaft enorm stärken können. Lassen wir uns also vom Feuer des Aktivismus inspirieren und gemeinsam für die Demokratie kämpfen. Beantworten wir Hass, Ignoranz und Angst mit Solidarität, Zugewandtheit und Mut.

Dank

Toni Morrison sagte einmal über das Schreiben: »If there's a book that you want to read, but it hasn't been written yet, then you must write it.« In diesem Sinne möchte ich mich von ganzem Herzen bei allen bedanken, die mir geholfen haben, dieses Abenteuer zu verwirklichen. Ich danke meiner weltbesten, mit allen Wassern gewaschenen Agentin Imke Rösing, die mich an einem sonnigen Sommernachmittag überzeugte, ein Buch zu schreiben, und meiner Lektorin Ilene Houben, die mir dabei half, das Buch zu beenden.

Dem Verlag Kiepenheuer & Witsch danke ich für die warme und herzliche Aufnahme.

Das Buch hätte ich so nicht schreiben können, hätte ich nicht eine unendlich geduldige, liebevolle Partnerin, die mich immer ermutigt hat, weiterzuschreiben, wenn die Zweifel mich zu übermannen drohten.

Es gibt so viele Menschen in meinem Umfeld, die mich mit vielen Gesprächen und Gedankenanstößen inspirierten. Ihr wisst, wer ihr seid, und ich küsse eure Herzen, dass es euch gibt. Und wenn das Buch erfolgreich wird: Döner auf meinen Nacken.

Natürlich bedanke ich mich bei Harald Braun. Ohne seine Erfahrung und sein schriftstellerisches Talent, das er mir zur Verfügung stellte, wäre das Buch mit schlimmen Kopfschmerzen auf die Welt gekommen.

Ich danke allen Menschen und Organisationen, die ich in meinem Buch positiv erwähnt habe. Ihr habt einen riesengroßen Einfluss auf mein Leben gehabt und ich wäre heute nicht die Person, wenn ihr nicht an mich geglaubt hättet.

Ich danke allen Hauptamtlichen und Ehrenamtlichen in der NGG, die uns damals zur Seite standen und heute die Arbeitskämpfe der Rider fortsetzen. Ich kann euch unmöglich alle im Einzelnen nennen, weil ihr einfach zu viele seid, aber ihr sollt wissen, dass ich euch enorm schätze und feiere. Insbesondere möchte ich an dieser Stelle aber Mohammed Boudih danken, der damals der Geschäftsführer der NGG in Köln war. Ohne seine Unterstützung hätte sich vermutlich gar nichts bewegt.

Nicht zu vergessen, danke ich allen, die damals mit mir das große Abenteuer *Liefern am Limit* angetreten sind und dafür gesorgt haben, dass das ein großes Ding wurde. Ihr wisst, wer ihr seid.

Zu guter Letzt danke ich Mama, Papa und meiner Schwester. Mit euch nahm alles einen Anfang und ich kann es kaum erwarten, zu entdecken, wohin der Weg uns führt.

Quellen und Bücher

Bücher

Baldwin, James: »Nach der Flut das Feuer«. dtv, München 2020.

Kelly, Natasha A.: »Schwarzer Feminismus. Grundlagentexte«. Unrast Verlag, Münster 2019.

Oguntoye, Katharina; Opitz, May; Schultz, Dagmar (Hrsg.): »Farbe bekennen. Afro-deutsche Frauen auf den Spuren ihrer Geschichte«. Orlando Frauenverlag, Berlin 1986.

Artikel

Backes, Laura; Nezik, Ann Kathrin: »Die Lieferarmee«. In: *Spiegel Online* 27.6.2016. Abrufbar unter: https://www.spiegel.de/spiegel/lieferdienste-foodora-und-deliveroo-a-1098935.html.

Deutscher Gewerkschaftsbund: »Ein Drittel der Menschen mit ausländischer Staatsangehörigkeit arbeitet in Deutschland zum Niedriglohn«. 28.7.2023. Abrufbar unter: https://www.dgb.de/aktuelles/news/ein-drittel-der-menschen-mit-auslaendischer-staatsangehoerigkeit-arbeitet-in-deutschland-zum-niedriglohn/.

Deutscher Gewerkschaftsbund: »Was ist ein Betriebsrat – und was bringt er mir?« Abrufbar unter: https://www.dgb.de/service/ratgeber/betriebsraete/.

Haan, Yannick: »Die falsche Freiheit«. In: *taz* 12.7.2021. Abrufbar unter: https://taz.de/Ausbeutung-bei-Lieferdiensten/!5782197/.

Hans-Böckler-Stiftung: »Vier von zehn Neueinstellungen sind befristet«. In: *Böckler Impuls,* Ausgabe 08/2021. Abrufbar unter: https://www.boeckler.de/de/boeckler-impuls-vier-von-zehn-neueinstellungen-sind-befristet-32788.htm.

Hans-Böckler-Stiftung: »Mitbestimmung – Das demokratische Gestaltungsprinzip der sozialen Marktwirtschaft. Studien zur Wirkung von betrieblicher und Unternehmensmitbestimmung«. Abrufbar unter: https://www.boeckler.de/data/Hans-Boeckler-Stiftung_Mitbestimmung_Gestaltungsprinzip-der-.pdf.

Industrie- und Handelskammer zu Leipzig: »Wie unterscheiden sich Start-up-Gründungen von ganz normalen Gründungen?« In: *Wirtschaft Online* 6.11.2023. Abrufbar unter: https://www.leipzig.ihk.de/wirtschaft/detail/wie-unterscheiden-sich-start-up-gruendungen-von-ganz-normalen-gruendungen/.

Kläsgen, Michael; Öchsner, Thomas: »Die Rad-Rebellen«. In: *SZ* 3.3.2018. Abrufbar unter: https://www.sueddeutsche.de/wirtschaft/kampf-fuer-bessere-arbeitsbedingungen-die-rad-rebellen-1.3889453.

Kramer, Bernd: »Aufstand der Essenskuriere«. In: *Zeit online* 9.3.2018. Abrufbar unter: https://www.zeit.de/arbeit/2018–02/foodora-deliveroo-kuriere-betriebsrat.

Potter, Nicholas: »Brave New Work«. In: *taz* 1.5.2018. Abrufbar unter: https://taz.de/Arbeitsbedingungen-bei-Start-Ups/!5499407/.

Udoagwu, Kelechi: »Warum Start-ups scheitern«. 20.12.2021. Abrufbar unter: https://www.wrike.com/de/blog/warum-start-ups-scheitern-alles-was-sie-wissen-mussen/.

Studien

Rapp, Marc Steffen; Wolff, Michael: »Starke Mitbestimmung – stabile Unternehmen. Eine empirische Analyse vor dem Hintergrund der Finanz- und Wirtschaftskrise«. *Mitbestimmungsreport,* Nr. 51. Hans-Böckler-Stiftung, Düsseldorf, 2019. Abrufbar unter: https://www.boeckler.de/pdf/p_study_hbs_424.pdf.

Mirela Ivanova, Joanna Bronowicka, Eva Kocher, Anne Degner: »Foodora and Deliveroo: The App as a Boss?«. Working Paper der Forschungsförderung der Hans-Böckler-Stiftung Nr. 107, Dezember 2018. Abrufbar unter: https://www.boeckler.de/de/faust-detail.htm?sync_id=HBS-07048.

Mottozitate

Kaltstart: Martin Luther King jr., Rede, Grosse Pointe High School, 14.3.1968.

Wurzeln: James Baldwin.

Die Saat wird gesetzt: Nelson Mandela, Rede, Madison Park High School, Boston, 23.6.1990.

Reifeprüfung?: Ally Condie: »Die Auswahl«. S. Fischer Verlag, Frankfurt am Main 2011.

Tour de Cologne: Zadie Smith: »White Teeths«. Hamish Hamilton Verlag, London 2000.

Big Brother: Theodor W. Adorno: »Minima Moralia. Reflexionen aus dem beschädigten Leben.« Suhrkamp, Berlin/Frankfurt am Main 1951.

Guilty Pleasures: Bob Marley: Song »Zimbabwe«. Album »Survival« by Bob Marley & The Wailers, 1979.

Wär ich nicht arm, wärst du nicht reich: Martin Luther King jr., Predigt, Dexter Avenue Baptist Church, vermutlich am 11.8.1957.

Different, but same same: Hubertus Heil, zitiert in: Crocoll, Sophie; Haeder, Max: »Arbeitsminister Heil kritisiert Amazon-Chef Bezos und Digital-Firmen«. In: *WirtschaftsWoche,* 29.6.2018.

Es bewegt sich was: Johannes Rau, Rede zu 50 Jahre Montanmitbestimmung, 21.5.2001.

Respekt!: Hans Böckler: Rede auf dem Gründungskongress des Deutschen Gewerkschaftsbundes (DGB), München 14.10.1949.

Wozu Gewerkschaften und Betriebsräte?: Friedrich Engels: »Das Lohnsystem«. In: *The Labour Standard* 1881. Zitiert nach: Marx/Engels, Werke, Bd. 19, Berlin 1969.

Das Imperium schlägt zurück: Denzel Washington. Interview in: *The Guardian,* 23.2.2000. Abrufbar unter: https://www.theguardian.com/film/2000/feb/23/guardianinterviewsatbfisouthbank1.

No Limits: Friedrich Wilhelm Fritzsche, Rede zur Gründungsversammlung des Allgemeinen Deutschen Cigarrenarbeiter-Vereins, Leipzig 25.–27.12.1865.

Nach der Wahl: Jörg Sommer: »Digital dank Corona?«, 10.9.2020. Abrufbar unter: https://demokratie.plus/37-digital-dank-corona/.

Gegen alle Widerstände: Willy Buschak: »Friedrich Wilhelm Fritzsche 1825–1905. Eine Biografie mit ausgewählten Reden und Schriften«. Norderstedt 2015.

Der 1. Mai: Frantz Fanon: »Black Skin, White Masks«. Grove Atlantic, New York 2008.

Against all odds: Max Frisch.

Epilog: Frederick Douglass, Rede »No Progress Without Struggle«. West India Emancipation, 4.8.1857.

MIX
Papier | Fördert gute Waldnutzung
FSC® C014496

1. Auflage 2024

Covergestaltung und -illustration Jana Meier-Roberts
Gesetzt aus der Minion Pro, Recent Grotesk und Figtree
Satz Buch-Werkstatt GmbH, Bad Aibling
Druck und Bindung GGP Media GmbH, Pößneck

ISBN 978-3-462-00577-6